你我都需要的
社會處方箋

跨域共創以人為本的健康幸福指南

周妮萱（凱特） 著

推薦序

為什麼當代社會下的我們需要社會處方箋？

國立屏東科技大學社會工作系教授 林宏陽

　　凱特一直以來在社會處方箋的實踐投注許多心力，將其累積的豐厚實務經驗結合學術研究能力灌注於本書中，對於臺灣實務界現正廣泛投入探索與實踐社會處方箋的時刻，可說是重要的基石！

　　凱特以英國發展社會處方箋的原點為始，探究社會處方體系的本質，並提醒服務方案工作者在規劃與執行方案時應掌握的核心理念，使這本書兼具教科書與工具書的價值。身為教學者、服務方案督導者與學術工作者，我想分享從本書中所獲得的思考。

　　首先，如果讀者們想從書中獲得實踐社會處方箋的步驟、標準化模組，乃至於成功方程式，可能會感到失望。因為社會處方箋就像一門藝術創作，無法透過個別模組課程

的結合就能真實回應服務參與者的需求。

因此,在規劃與實踐服務方案之前,必須先將「以人為本」的核心觀念放在心上,透過觀察與思考參與者的背景、處境、生活型態、參與動機等,以妥善規劃方案內涵。也唯有透過反覆實踐這個過程、累積經驗,方能確切回應參與者的需求。這是個相當專業的領域,主要以社會工作者必修的方案設計與評估,以及當前實務界所熟知的服務設計為基礎。

雖然社會工作領域不斷強調,工作者應時時保持彈性與靈活度,以因應方案執行過程中的各種狀況,並回應服務對象的需求。然而,過去十餘年我從實務場域觀察到,許多工作者在執行方案時所採取的方法已趨於重複與僵化,因此有必要重新思考人性本質,審視方案的架構、內涵與執行等面向。這正是凱特在書中所強調的「方案設計的基礎向度思考」,亦為社會處方箋在實踐過程中的核心所在。

再者,從凱特將本書命名為《你我都需要的社會處方箋》,以及書中強調社會處方系統「不僅是一場醫療技術的革新,更是一場以人為本的文化革命」,讓我思考社會處方在社會政策領域上的學術意涵。

回顧工業時代至今,社會變遷快速,人們在經濟壓力下身心俱疲,逐漸感到孤獨、隔絕與緊張。臺灣社會也正經

歷同樣的困境：生活的各種壓力不斷加在我們身心上，即便持續使用藥物也無法有效緩解。

英國自 1980 年代中期開始推動社會處方箋，經過三、四十年的研究與實證，說明其能有效調整身心狀態，因此進一步擴充為實現健康平權的通用個別化照顧服務，現在更成為各國研究與學習的對象。然而，臺灣在發展社會處方體系時，常因各方專業理解不同而偏離原意。因此，我們需要一本能完整說明社會處方理念、基礎與實務的書籍做為指引。凱特的《你我都需要的社會處方箋》，正是首選！

推薦序

終身學習與社會處方箋的共融
——打造健康臺灣的新願景

教育部終身學習推展會委員　林博文

　　2025 年臺灣正式邁入超高齡社會，面對高齡人口快速增加衍生各層面之需求，行政院各相關部會相繼提出相關政策措施以為因應，跟健康與學習有關的教育部與衛生福利部扮演著重要的政策領航角色。如何透過終身學習促進身心健康、提升生活品質，活躍老化、成功老化，成為我們必須正視的課題。《你我都需要的社會處方箋》一書，正是回應這一時代需求的重要著作。作者周妮萱以其豐富的實踐經驗與深刻的洞察力，將源自英國的「社會處方」概念引入臺灣，並結合在地化實踐，為我們提供了一條通往健康與幸福的新路徑。

▶ 終身學習與社會處方的共同核心

　　教育部第一屆終身學習節宣言揭櫫終身學習的願景在於追求「人人終身學習、處處終身學習、時時終身學習」的社會。而社會處方的核心理念則是透過非醫療的社區活動，促進人們的身心健康與福祉。兩者的共同點在於，它們都關注個體的全面發展，並強調「以人為本」的設計思維。終身學習不僅是知識的累積，更是生活技能的培養、社交網絡的建立以及自我價值的實現。而社會處方則透過藝術、文化、運動、自然等多元活動，幫助人們找到生活的意義與歸屬感。這種跨領域的整合，正是終身學習與社會處方能夠相互呼應的關鍵。

　　在臺灣，終身學習的資源已相當豐富，從社區大學、樂齡學習中心到圖書館、博物館等，都提供了多元的學習機會。然而，這些資源如何更有效的與健康促進結合，卻是一個值得探討的議題，本書正好為我們提供了這樣的思考框架與實踐指南。

▶ 社會處方箋：終身學習的新視角

　　社會處方箋的引入，為終身學習開拓了新的視角。它

不僅是一種健康促進的工具,更是一種生活方式的引導。書中詳細介紹了社會處方的起源、核心精神與實踐方法,並結合臺灣的在地化需求,提出了具體的建議與案例。例如,作者提到社會處方箋的設計應以「使用者為中心」,並強調「賦權」的重要性。這與終身學習的理念不謀而合——學習的過程應是個體主動參與、自我探索的旅程,而非被動接受知識的灌輸。

在臺灣,許多終身學習機構已開始嘗試將社會處方的概念融入課程設計中。例如,社區大學開設的園藝課程,不僅讓學員學習種植技巧,更透過與自然的互動,紓解壓力、提升幸福感;圖書館舉辦的讀書會,則透過閱讀與討論,促進人際連結與心理健康。這些實踐正是社會處方與終身學習結合的典範。

▶ 終身學習資源與社會處方的整合

臺灣的終身學習資源豐富多元,如何將這些資源與社會處方有效整合,是未來發展的重要方向。書中提到的「連結者」角色,正是這一整合的關鍵。連結者不僅是社會處方的推動者,更是終身學習的引導者。他們能夠根據個體的需求,推薦合適的學習活動,並協助參與者建立持續學習的

習慣。

例如,對於感到孤獨的中高齡者,連結者可以推薦社區大學的藝術課程或圖書館的志願服務,讓他們在學習的過程中找到歸屬感;對於面臨職涯轉型的青壯年,連結者則可以建議參與職業技能培訓或創業輔導課程,幫助他們重新找到生活的方向。這種跨領域的整合,不僅能提升終身學習的效益,更能為社會處方的實踐提供更多可能性。

社會處方箋的在地化實踐

本書的另一大亮點,是作者對臺灣在地化實踐的深入探討。書中不僅介紹了英國的經驗,更針對臺灣的社會文化背景,提出了具體的建議與案例。例如,作者提到臺灣的廟宇文化、社區組織與志願服務,都是社會處方的重要資源。這些在地化的觀察與建議,為臺灣的終身學習與健康促進提供了寶貴的參考。

此外,書中還強調了「系統性」與「整體性」的重要性。社會處方不是單一的活動,而是一個完整的系統,需要跨部門的合作與資源整合。這與終身學習的發展方向不謀而合——終身學習的推動,也需要政府、民間組織與社區的共同努力,才能實現最大的效益。

▶ 結語：邁向健康與幸福的未來

《你我都需要的社會處方箋》一書，不僅為我們提供了健康促進的新視角，更為終身學習的發展開拓了新的可能性。在臺灣邁向超高齡社會的今天，這本書的出版具有重要的意義。它提醒我們，健康與幸福不僅是醫療體系的責任，更是每個人的終身課題。透過終身學習與社會處方的結合，我們可以找到一條通往健康與幸福的新路徑。

這本書不僅適合健康促進工作者、教育工作者閱讀，更適合每一位關心自身健康與幸福的讀者。它讓我們看到，終身學習不僅是知識的累積，更是生活的藝術；社會處方不僅是健康的工具，更是幸福的指南。讓我們一起擁抱終身學習，實踐社會處方，共同打造一個健康與幸福的未來。

推薦序

社會處方箋的成功，
不在於名稱，而是內涵

輔仁大學心理學系副教授兼社會科學院副院長 黃揚名

　　幾年前，「社會處方箋」在臺灣還不是一個常見的詞彙，許多人常誤以為它是一種必須由醫師開立的處方。但如今，這個概念已廣為流傳，甚至出現了一種氛圍——只要某項活動掛上「社會處方箋」的名號，似乎就具有更高的價值與效果。

　　然而，你真的瞭解社會處方箋嗎？它的核心價值是什麼？如果你以為它只是「健康促進」的另一種稱呼，可就大錯特錯了。因此，我很高興凱特在百忙之中撰寫本書，幫助大家更全面的理解社會處方箋的內涵。

　　在英國 NHS 的網站上，社會處方被歸類為「個人化照護」，並強調它是透過將人們與社區內的活動、團體與服務連結起來，以滿足影響其健康與福祉的實際、社交與情感需

求。「個人化」與「連結」正是社會處方的核心精神，而我也有幸透過參與凱特所規劃的社會處方箋方案，親眼見證了這兩大核心精神如何被實踐：

- **個人化**：從活動開始，參與者可以自行選擇當天希望被稱呼的名字，到過程中引導者不時提醒大家以自己的方式參與活動即可，都能深刻的感受社會處方所重視的「個人化」精神。
- **連結**：除了與夥伴建立連結，也強調人與環境、場域的關係，這是一般健康促進活動中較少見的部分。

我非常開心凱特能將自己在社會處方領域的經驗記錄下來，讓更多有志推動此概念的團體能少走冤枉路，減少摸索的時間與成本。然而，若你在深入瞭解後發現社會處方箋的推動並非易事，也無須感到挫折。因為，儘管社會處方箋有其獨特之處，卻並非唯一能夠提升人們福祉的做法，也不一定適合所有人；傳統的健康促進方案對人們福祉的助益，也不一定亞於社會處方箋。

事實上，無論選擇執行何種方案，最重要的仍是它能否喚醒個體的自我覺察，使其願意踏上自我療癒與成長的旅程。只要能夠達成這個目標，為人們帶來正向的影響，便是值得推動的好方案。

最後,正如凱特所說,這本書不是終點,而是一個起點。我也期待未來能有更多導入社會處方精神的計畫,讓每個人在這片土地上,都能活出更健康、更充實的人生。

跨域推薦

　　我曾經去過英國格拉斯哥、日本名古屋、美國密西根進修高齡醫學，在那邊學習最前沿的老年醫學新知。不同的國家、不同的城市、不一樣的族群，但相同的是，那些地方的長者，都走出家門、走入社會、擁抱大自然，參與各式各樣的活動。在那裡，我看到長輩的笑容。

　　我常常想，如果臺灣也有這樣的熟齡文化，多好！幸好，我認識了凱特，她打開了我的視野，讓我看到臺灣高齡照護的無限可能，幫助長者走入社會，尋回失落的健康。每個人都應該要認識社會處方箋，誠摯向大家推薦這本書。

——臺中榮民總醫院家庭醫學科主任　朱為民

　　妮萱是社會處方箋的重要推手，因此我邀請她在我所策劃的廣慈社宅公共藝術展，擔任社會處方箋的計畫主持人。影響身心健康的因素超過50%與生活環境有關，雖然大多數人都能很快理解以非藥物處方促進身心健康有其道理，但是對於社會處方箋的認識和接受度仍需再加把勁，特

別是社會處方箋並非只是在辦活動，更具備長期性、深入性和社會系統性的特質。

在這個時機點，妮萱這本新書可說出得正是時候！讀著讀著，總讓我不禁想起妮萱總是充滿活力、妙語不絕、思路敏銳的模樣。本書絕對是給想接觸社會處方箋的朋友，最清晰完整又有趣的一本書。

──禾磊藝術總監　吳慧貞

在臺灣邁入超高齡社會的關鍵時刻，這本書的問世恰逢其時。當醫療體系難以回應孤獨、焦慮與社會疏離等「非典型病徵」，社會處方箋成為連結人與生活的一道曙光。無論醫療專業人士、社區工作者，乃至每個自覺「心靈亞健康」的現代人，凱特以其一貫清晰的思路和真誠的筆觸引領大家探索社會處方的無限可能，期待在這片土地上展開更多行動。

──古稀創意總監　呂協翰

每個人應該將對自己的健康餘命規劃看得比活多久來得重要；相對的，我們也應該把建立健康的社會看得比追求富裕的社會要來得重要。凱特透過本書清晰的說明了具「通用個別化照顧」的社會處方箋能為社會健康帶來更貼近

生命需求的可能。其中,產業可以協助扮演如凱特書中提及的「配速員」角色,成為協助使用者的資源連結者,與政府或相關組織攜手共同促進社區健康發展。

——中化銀髮事業總經理　李宗勇

帶著長輩看完門診,家屬拿到博物館入場券,可以帶著長輩一起參觀,這不是醫師的幽默,而是在臺灣發生的事。我們開始瞭解應對高齡者的症狀,必須從整個環境系統來思考,社會處方箋就是一個方法。凱特的創齡學開啟高齡新圖像,這本實踐的書,為自立支援的社會提供了方法論。

——台灣自立支援照顧專業發展協會名譽理事長　林金立

社會處方箋是創齡（Creative Aging）實踐的一條重要路徑。《你我都需要的社會處方箋》作者周妮萱是兼具執行力與知識力的創齡實踐者,這本書為讀者提供理解社會處方最重要的核心視角,引領深入淺出的掌握實踐社會處方箋「心法」。

——國立臺灣歷史博物館助理研究員　林潔琪

長期關注臺灣的友善職場,發現「社會處方箋」與企業執行的「員工協助方案（Employee Assistance Programs,

EAPs）」有著異曲同工之效。每位使用者就是企業中的員工，關鍵連結者就是EAPs的專案經理，而社會處方箋就如同讓企業員工能穩定就業的平復力量。從家庭到企業，有著「社會處方箋」與「EAPs」的雙重支持，定能讓我們擁有河清海晏的健康環境。

——台灣友善職場協會理事長　林龍森

又看到妮萱的新作內心非常驚喜。她在前作中提出了創齡觀念，如今更進一步談到社會處方，這其中活潑歡樂的精神非常適合臺灣人。由此看來，解決高齡問題的有效方法不是只靠某一項神奇的藥物，更該是一個群體合作的社會運動。希望大家都能從年輕時就開始學習參與多元的社會活動，甚至可以成為方案設計者，幫助年長者也是幫助年齡漸長的自己保有活力的鑰匙。

——陳乃菁診所院長／老年醫學專科醫師　陳乃菁

凱特（周妮萱）是創齡行動與高齡福祉之標竿，透過知識的匯聚，與社會處方箋的實務執行，推動臺灣高齡福祉創新的巨輪。本書如掘礦尋寶之頭燈，為臺灣在探索社會處方箋之此時，指引出可行之處。

本書結合英國經驗與臺灣在地實踐，詳細解析社會處

方的運作系統、模式、關鍵設計要素與成效評估。從藝術文化、運動、自然到圖書館、博物館等多元類型的社會處方，提供具體案例與指引。無論您是醫療、社工、教育、社區工作者，或關心自身與家人健康的人，這本書都將帶來啟發，助你打造更幸福的生活。

——高雄餐旅大學休閒暨遊憩管理系
專案助理教授級以上專技人員　黃子明

身為創齡流派的長年推動者，凱特透過《你我都需要的社會處方箋》彙聚了國際經驗、理論堆砌和實用心法。書中更具體描繪出生活即照顧的精神，不再僅僅依賴醫療、藥物和照顧，而是透過藝術文化、運動休閒、人際互動等多元行動成為孤獨寂寞的敷料，幸福美好的良藥。這可不是簡單的「吃藥就好」的老套說法，而是一種生活打造方式，更是社會重要工程！

——串門子社會設計執行長、社會工作師　黃珮婷

凱特近年來以燃燒靈魂的熱忱持續倡議和推動創齡及社會處方箋，她將國際經驗淬鍊轉化為適用於臺灣場館的理念實踐，是由內而外、全面且細緻的身心洗禮與行動啟發。本書如迷霧中的一道曙光，提供想瞭解和發展社會處

方箋者清晰明確的概念與指引，更展現凱特認真看待每個人身心狀態與達到共好的境界。

——國立故宮博物院助理研究員　黃琇淩

　　在去年（2024年）的第十七屆園藝治療國際研討會，臺灣園藝輔助治療協會以「綠色處方箋——園藝治療和社會處方箋的結合與展望」為主題，宣告了綠色處方箋的展開！這一年，我們走入社區、植物園、公園綠地等，針對焦慮症、失智老人等受眾更精準的設計了「對症式」療程，引導使用者運用植物、走入大自然。

　　慢慢的，我們看到他們在大自然中獲得了身心的抒解和放鬆。這樣的成果不僅呼應了社會處方箋強調以非醫療方式促進大眾健康福祉的核心理念，更具體展現了自然處方箋在提升身心健康方面的實質效益。

——園藝治療師　黃盛璘

　　我和妮萱的緣分很特別。一般來說，節目主持人不太會知道他的閱聽眾是誰？在哪裡？做什麼？但妮萱很早就透過一張張明信片讓我得知她受我節目啟發，大學畢業後勇敢赴英選讀新穎的服務設計系，返國毫不猶豫投身高齡臺灣迫切需要的觀念與行動革新，帶動一波創齡潮。

如今,她再由其中萃取藝術文化運動等社會處方箋概念,並藉由寫書介紹推廣,希望從熟高齡推向不分齡,讓更多需要者受惠。能一步步參與一位粉絲的成長與學習、困頓與茁壯,是做為知識傳遞者的榮幸,能再次成為她的讀者見證她的心血結晶,更是件值得開心的事。

——廣播節目主持人、作家　蘭萱

目錄

推薦序	為什麼當代社會下的我們需要社會處方箋？ 林宏陽	04
推薦序	終身學習與社會處方箋的共融 ——打造健康臺灣的新願景 林博文	07
推薦序	社會處方箋的成功，不在於名稱，而是內涵 黃揚名	12
跨域推薦		15
前　言	追本溯源，方能因地制宜	27

Chapter 1 新時代的曙光——社會處方　33

- **社會處方與它的產地　34**
  社會處方的源起之一：弭平「健康不平等」的落差
  社會處方的源起之二：回應孤獨寂寞帶來的健康風險
  「社會處方」的整體精神
  英國社會處方國家隊隊長：國家社會處方研究院

- **社會處方與通用個別化照顧　48**
  社會處方的根本：通用個別化照顧
  重新定義健康照護
  個別化照顧的核心與成效

- **美國的社會處方　54**
  美國的 CultureRx 計畫
  《藝術處方箋：美國社區實地指南》菁華觀點

Chapter 2 社會處方的實踐關鍵　　61

- **連結者**　62
  誰可以是連結者？
  生命的配速員——「連結者」
  成為連結者需要的是「專業特質」，而非標準資格
  連結者的受訓義務
  連結者的核心能力
  總結

- **方案設計**　86
  誰可以提供「方案」？
  從整體性評估出發！
  方案設計的基礎向度思考：保持靈活是王道！
  設計方案須注意的七大向度
  總結

- **實證與影響力**　96
  社會處方有效嗎？讓證據說話！
  評估社會處方效益的挑戰
  價值可視化與評估心法
  總結

Chapter 3 藝術文化處方箋　　103

- **關於藝術處方箋**　104
  「郵寄藝術」：連結地球和世上的每一顆心
  創造力是我們與生俱來的超能力
  面向未來的挑戰與機遇

- **關於文化資產處方箋　113**

  《文化資產與社會處方報告》
  面向未來的挑戰與機遇

- **關於圖書館處方箋　121**

  希臘雅典漫畫圖書館:「處方箋圖書館」計畫
  「圖書館與社會處方」網路研討會
  《給公共圖書館的社會處方工具包》
  圖書館的創新實踐:從文化到健康的多元支持
  面向未來的挑戰與機遇

Chapter 4　博物館處方箋　139

- **關於博物館處方箋　140**

  博物館的潛在功能:加深人際連結
  博物館處方箋的重要推手:教育推廣專業者

- **博物館處方箋的發展　144**

  英國博物館處方箋的高齡者參與
  博物館處方箋的設計思考
  在地實踐:國家兩廳院表演藝術社會處方箋先驅計畫

- **面向未來的挑戰與機遇　154**

Chapter 5　志工處方箋　157

- **關於志工處方箋　158**

- **志工處方箋的七個設計原則　160**

原則一：了解志工們的生命經驗
原則二：打造個人化的志工處方箋
原則三：把幸福放在心上
原則四：建立支持圈
原則五：建立適宜的社交連結
原則六：記得社會處方箋是一趟旅程
原則七：如果珍惜它，就衡量它

- **面向未來的挑戰與機遇　173**

Chapter 6 自然處方箋　177

- **關於自然處方箋　178**

- **英國自然處方箋的起點與發展　181**

  跨政府部門綠色處方箋計畫正式上路
  《綠色處方工具包》
  自然處方箋在英國的推動成效

- **面向未來的挑戰與機遇　191**

Chapter 7 運動處方箋　197

- **關於運動處方箋　198**

  運動保健康已成為全民共識
  不只是運動
  運動處方箋的跨組織合作與推動

- **「活躍英國」分析報告　206**

年長者參與體育活動的重要性
如何克服年長者的參與障礙
理解參與者的需求與偏好
報告中的關鍵發現與建議

- **面向未來的挑戰與機遇　212**

Chapter 8　回顧與展望　　215

- **推動社會處方的基石：社區系統　216**

- **打造社區社會處方箋的七個關鍵　220**

    關鍵一：匯聚眾人之力，打造在地化的社會處方箋
    關鍵二：為當地社群引入發展和支持的能量
    關鍵三：理解關鍵核心角色——連結者
    關鍵四：與社會處方箋使用者共創處方箋計畫
    關鍵五：強化人才培育、職涯發展與支持系統
    關鍵六：促進並確保臨床從業者共同投入
    關鍵七：建立評測方法，傳遞影響力

- **社會處方的多元實際影響　231**

    對醫療保健服務和經濟的影響
    對社會和社區的影響

- **社會處方的未來　235**

    《讓我們改變看待健康和福祉的方式》報告精要與反思
    總結

附　錄　臺灣社會處方箋案例　247
　　　　最重要的感謝　253

前言

追本溯源，方能因地制宜

　　這些年來，「療癒」的商機風生水起，特別是疫情過後人類世界在生理、心理到社會層面所發生的諸多改變，都讓我們更有機會正視身心健康和幸福感（也稱「福祉」）的重要性；社會處方箋雖然大約在 2019 年於英國正式推出，然而它的本質是運用不同的活動參與促進人們的健康福祉，因此過程中自然也隱含了療癒的成分。

　　然而，社會處方箋更超越療癒活動之處在於，它是以「系統性」的思考來設計整體方案或計畫，同時也相當重視方案計畫結束後，能否持續為使用者帶來影響。這樣的特質，正巧與我推動也是起源於英國的重要概念「創齡」（Creative Aging）不謀而合。

　　因此，約莫在 2018 年時，我開始與不同的夥伴倡議和推動社會處方箋。一轉眼，寫下這些文字時，臺灣已經正式進入 2025 年超高齡社會。長年來我著重的是「創齡學」的

推展,而社會處方箋正是創齡實踐的一條重要路徑。

這些年我在臺灣推動社會處方箋計畫的同時,也看著它在臺灣逐漸被提及,但相應的也出現各式各樣的解讀,其中有三個最常見的迷思:

1. 不能稱做「社會處方箋」,只能稱做「社會處方」?
2. 社會處方箋只有醫師可以開?
3. 辦活動就等於社會處方箋?

上述迷思的答案都只有一個,那就是「並非如此」。

也因此,在輔仁大學心理學系黃揚名副教授的引薦下,讓我有機會將「社會處方箋」的概念「推坑」給商周總編輯靖卉。原本以為只是單純的聊天,畢竟當時我才剛完成《創齡學》一書,心中暗自堅定的思忖著「絕對不要再寫書」,萬沒想到靖卉居然認為這個主題也應當出成一本書,於是本書就這樣誕生了。(時至今日,社會處方箋似乎也已經熱門到可以被濫用的地步了,真是令人悲喜交加。)

然而,要寫一本關於社會處方箋的書其實極具挑戰性,一來是因為它是一個在英國系統性擘劃下發展迅速且與時俱進的行動,使得我在書寫內容時一直有著「作者已死」的擔憂,加上讀者的定位、主軸的分類、內容的深淺等,都讓這本書的進度如同跳恰恰般有進有退。

直到中後期,心中突然有個聲音提醒了自己:

「在社會處方箋還沒有出現之前,你所推動的創齡深度計畫不就完全符合社會處方箋的精神了嗎?萬法歸一宗,只要相信自己的經驗和判斷力就沒問題了。我們無法面面俱到,但我們知道什麼是重要的;你知道社會處方箋的核心是什麼,因為多年來,這就是和夥伴們一路所堅持的。」

所以,我決定從這些年在全國各地進行社會處方箋計畫設計、人才培力、演講倡議的內容中,梳理出經過自己實踐驗證的幾個主軸,做為構築本書的目錄梁柱。社會處方箋探討的議題絕對不只有這些,但我相信書中的這幾根梁柱一旦在讀者的心中固立,未來要增添什麼樣的工具或空間都不會有問題。

同時,如同標題「追本溯源,方能因地制宜」所寫,書中各章節將介紹英國的相關指引,讓讀者可以從根本理解核心,未來在發展社會處方的路上,才不至於走偏。

會有這樣的規劃,正是因為國內有太多以「國際觀念、在地實踐」口號所進行的推動,都是因為主事者知道皮毛後,便急就章東湊西裝組成一台自詡有「臺灣特色」的拼裝

車上路,結果往往慘不忍睹,使得原本具有深厚意義和價值的行動,落入「也不過如此」的下場,最終甚至遭到人們鄙視棄絕。

因此,我希望讀者們在閱讀本書之前,能夠先建立幾個基本觀念。

你會在書裡看到我經常以**「使用者」(User)一詞來稱呼使用社會處方箋的人**。不用「病人」、「參與者」這樣的字眼,並不是因為這兩種用法遭到否定,而是社會處方箋對於達成「健康促進」和「風險預防」的目標有著相當大的期許,因此我們會以較為中性,且又能與社會處方系統中不同關係人有所區隔的「使用者」一詞。

其次,在推動社會處方箋時究竟該使用「社會處方箋」(Social Prescription)或「社會處方」(Social Prescribing),**其實差異在於前者通常指的是「方案類型」(範圍較小),後者則是用在談論「整體系統」(範圍較大)**,這也是讀者們在閱讀相關原文時可以留意的部分。

在臺灣有些特定領域的夥伴可能因為不夠瞭解社會處方箋的整體脈絡系統,或缺乏推動社會處方的實務經驗,而排斥使用「社會處方箋」,卻能接受「社會處方」,或甚至認為非醫療體系的人都不能使用「社會處方/社會處方箋」。

為了破除這樣的錯誤觀念與迷思，本書仍會合理運用「社會處方箋」直球對決，在各篇章行文時也會依照上述提到兩個名詞間的差異，為讀者們進行細部的區分，並且持續支持社會處方做為「非醫療或藥物的社區及生活方案介入，自然不限於醫療使用」此一理念。

　　正因為希望對的觀念可以被好好正視，**我期許自己能為在臺灣已瀕於濫用的社會處方導正視聽，讓真心想推動相關行動的夥伴，能夠透過本書建立起「心法」而非技法，並且懷抱著清晰、正確且開闊的觀念回到實務現場。**

　　撰寫本書絕對不是一個終點，我期待能夠藉由本書開啟臺灣對於社會處方箋更全面的視野。在此邀請各路夥伴加入我們的行列，一同打造我們理想中的社會處方箋。

Chapter 1

新時代的曙光
——社會處方

社會處方與它的產地

▶ 社會處方的源起之一:弭平「健康不平等」的落差

在開始談社會處方之前,請各位務必記得,**理解社會處方最重要的核心視角就是「系統化且全面性的視野」**。

開門見山的說,社會處方之所以會出現,就是因為人們看見了醫療的極限,所以希望引入社區的力量,幫忙醫療現場將就診者「轉介」給連結者,讓雙方共同討論出合適這些人的社會處方箋配方,減輕重症或無效醫療的負擔(因此再次強調,社會處方箋不是只有醫療單位可以使用)。

根據英國統計,20% ~ 40% 至醫療院所求助者並非真的有醫療問題,而是出自如經濟、飲食、心理、孤寂、社會疏離等「社會性處境」的問題或需求。臺灣雖然沒有針對此種現象做相關統計,但我想「不是真的生病,而是去找安心」這樣的醫療心態對許多人而言並不陌生,甚至這種現象

可能就存在於我們周遭的家人朋友間。

然而，這些非醫療型的困難，往往正是來自每個人都可能面臨的「健康不平等」（Health Inequities）。所謂的健康不平等是指不同的社會群體，因影響健康的社會決定因素有落差而導致不平等的狀態，主要因素分類為：「年齡、性別、遺傳」、「個人生活方式」、「社交和社區網絡」、「一般社會、經濟、文化及環境狀況」。

上述都是所謂的「健康的社會決定因素」（Social Determinants of Health），往下當然還能細分不同的社會經濟狀況、職業、收入、教育程度，乃至於飲水、汙染到生活或工作環境等因素。然而在這麼多的因素中，**「社會環境因素」是導致健康不平等的關鍵因子，且其影響久遠，可至終生**。

▣ 社會處方的源起之二：回應孤獨寂寞帶來的健康風險

2022年國家衛生研究院公布[1]，臺灣社區憂鬱症盛行率約為16.3%；50歲以上中高齡憂鬱症患者中，僅有27%

---

1. 〈國衛院研究：7成3中高齡憂鬱症患者未就醫〉，管中維編輯，2022年，中央通訊社。https://ppt.cc/fXQg3x（瀏覽日期：2025/03/08）

尋求治療，高達 73% 未就醫，遠遠不及日本、歐美國家將近 40% 的就醫率。多數人未接受治療的原因在於**對憂鬱症認知不足、不清楚需要治療，或是擔心因此被貼上汙名化的標籤。**

憂鬱症的成因各有不同，然而長久以來無論哪個國家，在應對該病徵時都遭遇到類似狀況——藥物的成效有其相當的極限，因此通常會搭配如運動、瑜珈、認知行為療法等非藥物途徑。在英國，社會處方的發展脈絡雖不全然以治療憂鬱症為導向，但延續先前提及的健康不平等現象，社會疏離所產生的寂寞感及可能導致的焦慮或憂鬱症狀，已成為近代顯著的趨勢。

2016 年，在時任英國首相梅伊（Theresa May）的共同支持下，英國國會議員 Jo Cox 召集成立「孤獨寂寞委員會」（The Commission on Loneliness），討論如何因應因寂寞、孤獨和社會疏離所帶來的相關影響。不久後，英國於 2018 年也正式設立「寂寞大臣」（Minister for Loneliness[2]，也有人譯為「孤獨大臣」，本書為了完整呈現這樣的狀態，後續將以「孤獨寂寞」並用描述），發布全世界第一個應對孤獨寂

---

2. https://ppt.cc/fcXHWx（瀏覽日期：2025/03/08）

寬的政府策略——《打造連結的社會：孤寂應對策略》（A Connected Society: A Strategy for Tackling Loneliness[3]），該策略有三個總體目標：

1. 透過建立關於孤獨寂寞的全國對話來減少羞愧感，讓人們能夠安心主動的談論並尋求幫助。
2. 使社會上的所有組織在決策或執行的過程中，都能關照人際關係和孤獨寂寞感的現象，而政府將支持這些願意採取行動的組織。
3. 建立孤獨寂寞的相關研究實證，並建立可靠的行動理由，同時也能藉此確保每個人在面對挑戰時都能擁有得以做出明智決定所需的資訊或選擇。

此外，也建議可由國家健康與醫療服務（National Health Service，後視情況簡稱NHS）中的醫師、護理師或健康照護專業工作者運用社會處方的轉介機制，將就診者轉介給社會處方連結者（Social Prescribing Link Workers[4]，後簡稱「連結者」〔Link Workers〕），而連結者將與社會處方箋使用者（後簡稱使用者）共同討論合適的處方內容並開始

---

3. https://ppt.cc/f8ANjx（瀏覽日期：2025/03/08）
4. https://ppt.cc/fmeKkx（瀏覽日期：2025/03/08）

運作,因此連結者也常被稱為「社會處方箋施發者」(Social Prescriber),至此也更確立社會處方系統的重要性。

後來時任英國健康與社會照顧部(Department of Health and Social Care,近似臺灣的衛生福利部)大臣的馬特・漢考克(Matt Hancock)也開始極力促成社會處方的各種發展,並協助導入各項資金,包含於2019年成立「國家社會處方研究院」(The National Academy for Social Prescribing,NASP)做為社會處方的倡議、支持與研究發展基地。

(看到這裡,有個小趣事與讀者們分享:職務相當於臺灣衛福部長的漢考克,他的前一份公職是英國的數位、文化、媒體和體育大臣,此職務近似臺灣的文化部長,只是其所負責的政策涵蓋範圍更廣,這樣的跨領域養成,似乎是為什麼英國能夠跳脫醫療至上思維,導入具全人意識,得以海納百川的社會處方的重要原因之一。)

> 「我認為社會處方是預防的基礎,預防則是NHS未來的基礎。長期以來,我們一直在培養一種服用藥物或百憂解的文化,當病人不適時就給予藥物,然而這並不能解決他們的問題,我們應該做的是更多的預防。」
>
> ——漢考克

英國在社會處方發展的決心和成功,也影響了世界衛生組織於 2021 年成立「全球社會處方聯盟」(Global Social Prescribing Alliance),美國、歐洲、日本、新加坡、臺灣等國家也於近年加入推動行列。

▶「社會處方」的整體精神

沒意外的話,我們每個人每天都走在長大變老的路上,一路上也都有各自需要面對的順境與逆境。近年來以英國為首的「社會處方」,在協助人民面對生命旅程中的多樣挑戰,與因應國家整體的財政變化上,已成為各國重要的參考方向。

其實嚴格說來,社會處方的運作並非這幾年才出現,英國可考的第一個社會處方箋計畫雛形是由東倫敦的 Bromley by Bow Centre[5] 約於 1984 年所建立,該計畫與當地全科醫生合作,將人們與藝術課程、園藝活動和運動小組等社區資源加以連結。此後,這個概念獲得相當大的關注,並先後於英國許多地區實施。

在此還是要再次說明(重要的觀念就要反覆說),「社

---

5. https://ppt.cc/fRsXUx(瀏覽日期:2025/03/08)

會處方」或「社會處方箋」這兩個詞在臺灣都很常見，其實兩者都是正確的，只是如果再從英文細分，「社會處方」（Social Prescribing）比較會是用來描述整體的「系統」和「運作機制」，「社會處方箋」（Social Prescription）則會用來指稱在社會處方系統中的個別「服務」或「方案」。

社會處方的總體基本概念是「判斷一個人的健康與否，應依據與其相關的社會、經濟和環境因素做全面性討論」。因此，社會處方也被認為是一種「全面性綜觀處理人們需求」的創新方法，其有別於傳統開立藥物的單向性，是立基於促進並提升每個人的自我健康管理意識的雙向取徑。

在英國可以進行社會處方轉介者不限於醫師，還包含護理師和專業健康服務提供者。近年來英國「自我轉介」（Self-referral）的比例也越來越高，這一趨勢其實更符合社會處方希望成為「健康預防與促進」的非臨床介入目標，並且鼓勵使用者都能建立「自我健康管理意識」。

此外，社會處方也已正式成為英國國家健康與醫療服務的長期計畫項目之一，社會處方箋使用者可以經由與身兼社會處方開立施發者身分的連結者共同討論合宜的社會處方箋計畫，之後連結者再依據雙方的討論判斷哪些社會處方箋適合推薦給使用者。

因此，這個過程是「以使用者為中心」、「分析使用者

生活現況」、「規劃相應的社會處方箋計畫」等具全面性的安排,讓使用者得以經由參與文化、藝術、運動、自然等兼具建立社交關係的活動方案,有時輔以如就業、經濟、住房的資訊提供,找到支持自己的力量。同時,也有越來越多證據指出,社會處方不僅能改善提升使用者的健康和福祉,更能降低醫療成本與負擔。

看完以上敘述,不知道你是否已經對社會處方有些感覺了呢?由於在臺灣介紹社會處方時,常會需要用一個完整的操作型定義來溝通,因此我嘗試將社會處方的定義統整如下:

> 社會處方是一個整體性的系統,透過來自門診、社區或自行轉介等多元轉介機制,經由具特定能力的社會處方連結者(社會處方箋施發者),將人們(社會處方箋使用者)與社區中的特定服務或方案(社會處方箋)加以連結,藉由非醫療的社會處方箋介入參與,協助人們改善健康與福祉,進而降低醫療財務負擔,達到健康促進之效。

我將社會處方系統的基本運作方式繪製成下列圖表,讀者夥伴可以在閱讀本書的過程中將此圖表放在心上,相信它能如同地圖般,協助你更系統化的思考社會處方:

▌社會處方系統

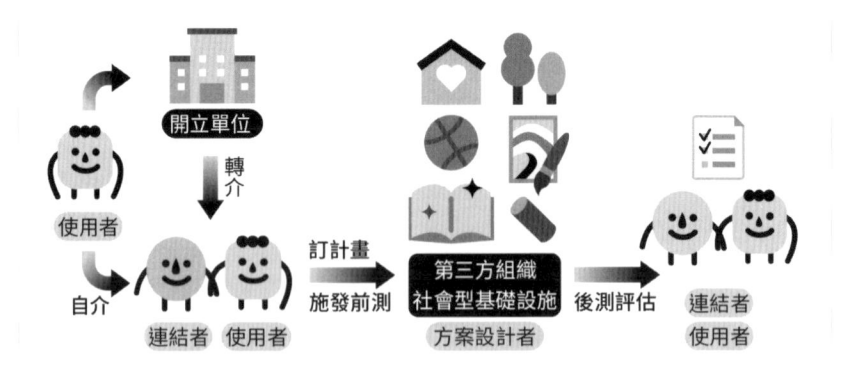

圖 1-1：整合：周妮萱／繪製：丸同連合

也請記得，無論是工作者或使用者，社會處方是由雙方「共同產出」，有賴在地社區組織與人們主動參與。此外，施行社會處方箋計畫的工作者也要懂得「賦權」給在生活、經濟、情緒與社會等層面有需求者，共同找出可以幫助他們提升健康與幸福感的方案。

▶ 英國社會處方國家隊隊長：國家社會處方研究院

如我一再強調，社會處方是一個「系統」，它仰仗的是不同組織和工作者的攜手協作，包含**轉介單位**（或自

我轉介）、連結者、多元的社會型基礎設施或組織（social infrastructure，例如志願組織、社區組織、信仰組織或社會企業〔Voluntary, Community, Faith and Social Enterprise, VCFSE[6]〕）。

然而，一個運作完善的系統必然也需要強大的引擎支持，國家社會處方研究院（後依情況簡稱 NASP）就是英國社會處方的引擎、也是國家隊的隊長，與所有單位一同前進。接下來，我將透過英國國家社會處方研究院的基礎介紹，帶領夥伴們思考若臺灣要系統化推動社會處方，可能會需要何種在地化的國家社會處方研究院。

英國國家社會處方研究院成立於 2019 年，他們認為許多影響健康和福祉的問題不能僅靠醫師或藥物來治療，如我一再提醒，社會處方所做的，正是將人們與非醫療的行為加以連結，解決臨床無法處理或其他未被滿足的需求，過程中會有許多資訊需要彙整，並且被以合適的方式傳遞給不同受眾。

英國國家社會處方研究院便是上述理念的倡議和研究中心，希望透過社會處方改變人們看待健康和福祉的方式，

---

6. 近年來英國已將信仰（faith）組織納入第三方組織，因此原先的 VCSE 縮寫也已調整為 VCFSE，但英國國民健康與醫療服務官網上仍以 VCSE 稱之。

並對人們、英國國民健康與醫療服務及整個社會有所助益。NASP 的整體工作包括：

- 提供培訓、諮詢、資源，以及針對臨床醫師和衛福健康工作者的獎勵方案進行案例共享，刺激整體社會處方系統的相互見學交流。
- 建立從英國本地到國際的創新合作關係。
- 擴大投資提供社會處方箋的第一線組織，或是與如國家彩券社區基金合作，共同設計並共享投資基金的模式。
- 與世界各地的專家學者合作建立證據資料庫，並持續發布實證研究成果。
- 透過辦理英國各地的社會處方倡導運動，提高社會處方的形象。

此外，英國國家社會處方研究院也概述了社會處方箋方案的四個重點領域（**不過請記得，伴隨人們與日俱增的需求和社會變化，這些領域也可能持續擴大**；同時也請留意，在設計社會處方箋方案之前，要先確認**所在的區域、可運用的資源網路、組織關注的目標**，如此一來才能長出適合的社會處方箋方案）：

- 「藝術與文化」（Art and Culture）

- 「身體活動」（Physical Activity）
- 「自然環境」（Natural Environment）
- 「建議與指引」（Advice and Guidance）

我們可以從上述四個領域歸納出，社會處方箋方案大致又可以分兩種類型的服務：「**建議指引**」與「**活動方案**」。建議指引通常是較為被動且低社會互動的內容，**活動方案則往往會帶來對使用者更深入的影響和社會參與**。根據我的經驗，這兩種類型並非互斥，反而可以彼此互補、並行不悖，而這也是整體方案設計的關鍵所在。

社會處方的需求、執行、功能

「**社會處方**」藉由活動、資源、資訊、建議，積極的協助使用者，並且讓他們從中建立不同的社會連結，進而滿足人們的健康需求，或降低健康風險。

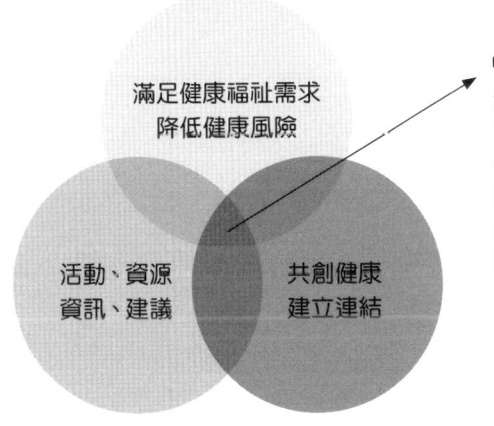

圖 1-2：©NASP ／**翻譯整合：周妮萱**

此外，可能有些人會以為社會處方箋只適用於失智者、老人或有精神狀況者，其實它是「人人可用的社會處方箋」，從兒童、青少年、中壯年、老年、失智者到產後憂鬱症者、焦慮的上班族等，所有年齡層的人都可以透過參與在地的社會處方箋，找到改善自身健康和福祉的方法。

由此可知，年齡、性別等都不是分類社會處方箋使用者的標準，而是需依據使用者身處的狀態來判斷。我也將英國國家社會處方研究院提及的社會處方箋適用對象，結合我個人的推動經驗統整如下。社會處方箋使用者可能具備的狀態包含：

- 生活或情緒受慢性或長期疾病影響者
- 受低程度心理健康問題影響者
- 受年齡或財務等狀況影響且具脆弱性者
- 感到孤獨寂寞或社會疏離者
- 有複雜需求者
- 照顧者

至於如何稱呼這些使用者，會依他們的轉介途徑以及你站在什麼立場而定：如果他們是從醫療端轉介過來，醫療領域通常會稱他們為「患者」或「病人」；若是你身為連結者或方案服務提供者，**近年來大多會用比較中性的「使用**

者」一詞來稱呼他們,這也是我在國內執行社會處方時選擇的稱呼,因此本書行文時也多會以「使用者」稱之。

最後,如果各位看到這裡還有意願和熱情投入推動社會處方,我不只要感動落淚、隔空緊握你的雙手,還要與你分享我很喜愛的,由英國國家社會處方研究院所歸納出的「如何推出成功的社會處方之鑰」:

- ✓ 以現有的資源和社區資產為基礎
- ✓ 獲得合作夥伴的支持
- ✓ 運用在地的習慣制定在地的解決方案(這部分在英國有銜接「通用個別化照顧」的政策,我們後續會再提到)
- ✓ 勇敢行動
- ✓ 保持前進

這五把「成功」之鑰不是臺灣習慣聽到的標準答案,亦非操作模組,也沒有唯一解法,而是我常說的「英式心法」。要掌握心法就如同練功一般,往往需要正確的三觀加上時間、經驗的累積;心法一旦練成,就能游刃有餘的處理所有狀況。

社會處方與通用個別化照顧

▶ 社會處方的根本：通用個別化照顧

　　習慣臺灣健保普及化保障的我們，可能對「個別化照顧」一詞有點陌生，甚至覺得：「個別化照顧？那不就很浪費資源，醫師和護理師哪有那麼多時間？」

　　臺灣健保的基礎醫療保障由於「俗又大碗」，在門診現場的醫師和護理師等第一線人員只能盡快「消化」眼前的病人，甚至很多時候前去就診的人們看的不是病，而是「心安」。如此一來，以滿足大眾化需求為目標的健保反而導致醫療的浪費及負擔。

　　英國所謂的「通用個別化照顧」（Universal Personalised Care[7]）指的是人們可以根據「**對他們來說『重要的一**

---

7. https://ppt.cc/f0c5Sx（瀏覽日期：2025/03/08）

切』」，以及個人的優勢和需求，來選擇並管理他們的照護計畫和提供方式。通用個別化照顧採用整體性的系統方法，進行臺灣熟悉的「全人」整合服務，可以運用在所有年齡層，從孕產期、兒童期一直到生命的終結，給予適合個體的支持。

接下來，我們就一起透過英國國家健康與醫療服務推出的《通用個別化照顧：綜合施行模式》（*Universal Personalised Care: Implementing the Comprehensive Model* [8]）報告所談到的內容，瞭解通用個別化照顧大致的輪廓，並連結它與社會處方的關聯。

▶ 重新定義健康照護

1948 年英國推出的國家健康與醫療服務至今仍是世界的重要指標，也影響了包含臺灣在內的許多國家，但七十多年來，英國持續觀察反思整體服務所衍生的挑戰，其中之一正是傳統上乃至於當代的醫療模式都仍**過度專注於疾病治療，而忽視了健康的社會決定因素對求診者所帶來的影響**。

隨著人口結構的改變，英國的健康系統所面臨的新壓

---

8. https://ppt.cc/fXXvPx（瀏覽日期：2025/03/08）

力包含：
- 長壽與多重慢性疾病使醫療需求複雜化。
- 慢性疾病患者占 50% 的門診人數，耗費 70% 的醫療預算。
- 民眾對個人化與數位化服務的期望逐漸提高。
- 健康不平等的影響日益加劇。

特別是整體健康差距依然顯著，貧富地區的壽命差距超過 7～9 年，低社會經濟地位群體的慢性疾病和多重疾病比例更高，健康素養和自我管理能力也明顯不足。

為因應上述問題，2019 年英國推出的「國家健康與醫療服務長期計畫」（NHS Long Term Plan）指出了往後十年的醫療保健方向，其中就將個別化照顧定位為未來健康與社會照護系統的全新核心運作模式。

個別化照顧強調使用者、專業人員、系統之間的互動與轉變，目標在 2023 年～2024 年間惠及 250 萬人，並於 2030 年擴大到 500 萬人。而個別化照顧的核心精神是，**讓每個人根據自身需求、偏好與生活目標，掌控自身的照護規劃與執行，創造真正以人為中心的健康系統。**

▶ 個別化照顧模式的核心與成效

NHS做為整合健康、社會照顧、公共衛生及社區資源的軸心,目標是促成合作無間的運作系統,為了達成這樣的目標,個別化照顧就成為地區整合的重中之重。執行個別化照顧,整體有六個核心要素:

1. **共同決策**:患者與臨床醫師共同選擇最合適的治療方案。
2. **個別化照顧與支持計畫**:專注於對使用者而言「重要的事」,平衡臨床需求與生活目標。
3. **選擇權保障**:包括法律保障的選擇權,如首次門診選擇權。
4. **社會處方與社區支持**:透過「連結者」將使用者與社區資源連結。
5. **支持性自我管理**:提升患者對健康的知識、技能與信心。
6. **個人健康預算**(Personal Health Budget, PHB [9]):根據個人需求訂製相應的資金支持,用以促進健康。

---

9. https://ppt.cc/fo19tx(瀏覽日期:2025/03/08)

《通用個別化照顧：綜合施行模式》報告指出，依循這六個核心要素執行的個別化照顧系統達成了相當好的成效，使用個人健康預算接受個別化照顧方案的患者中，有86%達成其所設定的健康目標，77%的人也推薦其所使用的方案，整體還可節省平均17%的家庭照顧成本。

此外，個別化照顧對弱勢群體的支持效果也特別顯著，例如透過社會處方解決孤獨寂寞的問題，並為文化、宗教多樣化的需求提供靈活選擇，整體降低健康不平等的差距。

實現全面性個別化照顧的過程，其實也正是社會處方推動的歷程，兩者都會面臨文化轉型與系統內部的挑戰，且必須打破傳統的醫療文化，讓專業人員接受以人為中心的模式，例如學習從原本上對下的指導者轉變為平行陪跑的**教練夥伴，從單純的「告知」轉變成懂得如何「同理」**。

同時，個別化照顧代表了使用者、專業人員、醫療照顧系統，乃至社區組織、志願組織等**原先不被認為有助於醫療健康的單位之間產生新時代的合作關係**；個別化照顧也積極賦予使用者決策的權利，**使人們能夠為自己發聲、被傾聽，並與彼此及其社區建立連結**。

因此，跨部門協作也是個別化照顧所面臨的挑戰，如何與地方政府、志願機構及社區建立良好的合作關係，對於資源整合和服務實現相當重要。對此，NHS也提出了幾個

策略方向：

- 建立質性與量化指標，累積實證。
- 提供專業人士、患者（使用者）持續的培訓。
- 擴展數位化工具以支持使用者的健康管理。
- 強化與地方政府、志願部門、社區組織的合作。

英國的通用個別化照顧計畫及其所引領的社會處方系統，不僅是一場醫療技術的革新，更是一場以人為本的文化革命。當個人能夠有效參與其健康的決策過程，並獲得支持以實現其生活目標時，健康系統將更具適應力與包容性。這是一條長期且具挑戰的道路，但每一步的推進，都將為人類健康與福祉帶來深遠的改變。

儘管英國社會處方的落實與通用個別化照顧模式息息相關，但也請務必記得，**我們在嘗試引進外國好的政策方案時，並不需要一股腦照單全收，而是需先透徹理解其核心及脈絡，並掌握關鍵心法，才能進一步思考如何進行在地化實踐。**

美國的社會處方

▶ 美國的 CultureRx 計畫

如同我在前作《創齡學：長大變老的終身必修課》提到的，創齡就像早午餐，有分「英式」和「美式」，來到社會處方當然亦若是。急起直追英國的美國，不僅思考的角度有異，其國情的特殊性也使得他們在社會處方服務的提供方式和型態選擇上有所不同。雖然本書主要以將社會處方正名的英國案例為主，但在此也希望提出一些不同於英國的美式思考，和大家共同腦力激盪。

由於「藝術」也是美國社會處方箋類型的標竿和主要項目之一，在此我將以藝術處方箋說明，相信讀者們可以從美國所提出的藝術處方箋中吸收到不同的觀點。

在過去，美國的醫療保健提供者可以將患者轉介至社區資源，以滿足其非臨床的需要。然而，美國的社區轉介往

往專注於滿足患者在食物、住房、交通、工作技能培訓、支持團體等基本需求。近年來引進社會處方後，美國開始更進一步思考如何滿足使用者的其他需求（如社會連結、社區參與），並理解對於人們有意義的活動所帶來的影響（例如，在大自然中的時間、志願服務、與動物的互動、參與博物館活動、舞蹈社團和社區合唱團）。

美國的社會處方雖然仍處於起步階段，但已有如「CultureRx」等試點計畫取得良好的成果。這些計畫顯示，將藝術、文化與自然融入健康系統，不僅能提升個人健康，還能提升社區凝聚力與文化資源的可及性。

藝術處方箋的實踐仰仗健康機構與文化藝術組織之間的資源共享和協作，例如在 CultureRx 計畫中，醫療機構通過醫師、諮商心理師或社區健康工作者，將患者推薦至當地的藝術或文化組織，參與如博物館參訪、舞蹈課程及音樂治療等活動，這些活動大多免費或低成本，因此同時也能為經濟困難或弱勢群體提供參與文化的機會。

前述提到的 CultureRx 是美國首個大規模藝術處方試點計畫，乃是由麻薩諸塞州文化委員會（Mass Cultural Council）發起，該計畫將多種健康與社會服務機構和當地文化資源加以連結，並為文化組織提供資金和專業培訓課程。評估報告顯示，該項計畫的參與者普遍對藝術處方箋

的體驗感到滿意,並認為活動幫助他們改善心理健康,建立新的社交連結;同時,該計畫也提升醫療工作者的士氣,幫助他們以更創新的方式支持患者,同時也間接的支持了自己。

▶《藝術處方箋:美國社區實地指南》菁華觀點

2023 年《藝術處方箋:美國社區實地指南》（*Arts on Prescription: A Field Guide for US Communities*[10]）中,提出了幾個我認為相當值得社會處方工作者留意的觀點:

一、健康的社會因素不是被決定,而是被驅動

前面曾提及原先社會處方系統的思維是:「健康的社會決定因素」是影響健康不平等的關鍵,所以才會出現經濟、孤寂或社會疏離所導致的不健康,但這樣的思維或多或少會讓人以為這些「決定因素」一成不變。

然而,美國的這份報告提出影響健康的因素應當是動態、可變的「驅動因素」,而不是將它們描述為靜態或固定的「決定因素」。

---

10. https://ppt.cc/flFw4x（瀏覽日期:2025/03/08）

二、「藝術處方箋」的用法雖不完美但可接受

「藝術處方箋」一詞的運用，仍暗示著醫療保健提供者才是社區資源的看門人，無法讓他人或甚至醫療保健提供者本身有意識的理解到：醫療保健提供者不應只是社會處方的看門人，更應當是促進健康的平等社區合作夥伴。

此外，這個詞在某種程度上也會模糊社會處方原先希望社區成為社會照顧網絡的關鍵原因之一，不是要開出更多的社會處方箋，而是希望將更多的社區資產引入整體的社區照顧網絡，並且讓社區組織都能將彼此推薦給使用者。

三、整體性的方案設計是社會處方內容的重要基石

任何類型的社會處方箋方案當然都需要有基礎結構，但也請記得，務必讓方案保持持續進化的可能。請記得思考你的計畫將提供什麼服務、看起來是什麼樣子、誰應該參與，以及可能需花費多少經費。

因此，若你是協助推動社會處方的個人或組織，特別是提供方案或服務內容的夥伴，該報告也建議可以從「資源」、「夥伴」、「證據」和「系統」等方面去做思考：

- **資源**：我們的社會處方箋計畫是什麼樣的主軸類型？受眾會是誰？為什麼？
- **夥伴**：我們將如何建立社會處方箋計畫所需的合作組織和社區夥伴關係？
- **證據**：有哪些研究或證據可以支持我們所設計的藝術、文化、自然或運動等方案，並回應我們在方案設計的問題、受眾、目標、結果，或優先事項？
- **系統**：我們將如何有邏輯的建立一個社會處方系統，讓健康或社會照護提供者，或自行轉介的使用者可以運用到系統中的資源？

該份報告最後也提出，未來的藝術處方發展（也可以套用在所有的社會處方箋）需關注三個核心方向：

1. 深化與地方社區的合作，讓更多基層文化資源成為健康促進的一部分。
2. 擴大資金來源與政策支持，確保項目的可持續性。
3. 通過數據收集與評估，進一步驗證社會處方的健康效益並優化實施策略。

透過持續觀察英國、美國，甚至其他國家的社會處方發展，並且思考其核心價值與在臺灣可能的實踐情境，能幫

助你保持與時俱進的敏銳度。無論現在閱讀至此的你,來自什麼地方或擁有何種專業,相信已能感受到社會處方的興起標誌著醫療健康與其他領域的深度融合,它不僅是一種醫療輔助,更是一種重塑健康與福祉的新視角。

Chapter 2

社會處方的
實踐關鍵

連結者

▶ 誰可以是連結者?

你是否曾在一天結束之際,或是每日醒來的那一刻,問過自己:「對我而言,什麼是重要的?」

等等,我們不是在談如何進行社會處方嗎?

你沒有看錯,上述提問正是英國社會處方系統要角之一「連結者」在受訓過程中必須時刻牢記在心的話語,並且反覆用這句話來喚起、維持使用者的自我健康管理意識。

儘管來自社工、照顧、心理或任何助人工作背景的夥伴,在理解連結者的任務和特質後常會驚呼:「『連結者』在做的事怎麼聽起來和我的有點像?」,我仍必須強調:連結者的生成有其專屬的資格和期待,不應該想著現行職業中有誰可以直接無縫接軌兼任這個角色,而是必須將連結者視為一個全新的資格、職業,以培養合適的人才。

可惜的是,無論做為教學者或受教者,臺灣的教學現場都太習於直接索取方法、模組、必勝方程式,卻忽略了身而為人應該先有深刻的自我思辨。正所謂「師者,所以傳道、授業、解惑也」,傳「道」做為教學現場的首要任務,我之所以堅持先帶領大家思考社會處方的本質與核心,是我認為包括社會處方在內任何立意良善的系統,都不應當因為國內習於求速成、求模板的風氣而變得荒腔走板。

　　因此,我在臺灣培訓社會處方人才時,也總會向可能成為連結者或投入社會處方的夥伴提出這個看似簡單的問句,幫助他們邁向覺察自我、同理他人之路,也收到了預期中的好效果。現在,我們就來看看擔任連結者需要具備何種特質,同時也請你在過程中不斷的問問自己:「對我而言,什麼是重要的?」

▶ 生命的配速員——「連結者」

　　臺灣不知從何開始進入馬拉松熱潮,某次我看到源自 1999 年巴黎馬拉松賽事的「配速員」,他們的任務是以其穩定的跑速和適時的鼓勵提供跑者支持感。[1] 英國的

---

1. 臺灣運動社群「運動筆記」也提到:「配速員主要功能是和參賽者們一同起跑,並依照穩定速度在目標時間內完賽,對於經驗不足或是想要超越自己的跑者都非常有幫助。」

「社會處方連結者」也有著同樣精神，從最初英國不同地區對此角色各有不同用法即可見一斑。舉凡社會導航員（Social Navigator）、社區導航員（Community Navigator）、社區連結者（Community Connector）、健康顧問（Health Advisor）、福祉顧問（Wellbeing Advisor）等名稱，都可以看出人們對連結者有怎樣的期待。

此外，連結者一職也是源自先前提到的**個別化照顧系統**。有別於過去將人以疾病分類，卻忽略個體獨特的照護需求，個別化照顧可以協助解決人們日益增長的健康和福祉需求，包括複雜或多種慢性病及未被滿足的健康需求。社會處方利用個別化照顧系統應對健康社會決定因素所引起的健康不平等問題，而**連結者正是識別個案與其身處環境的交互關係，進而改善個案健康和福祉至關重要的角色。**

根據英國國家健康與醫療服務的資料，連結者在社會處方箋施發後的 3 個月內，平均為每位個案提供 6 ～ 12 次會面討論（形式會依據個案的實際需求，彈性採用家訪、面談等方式），不過實際次數仍取決於個案需要的支持程度。每位連結者每年最大可負荷的案量約是 200 ～ 250 位個案，但數量的多寡也須依據案例的複雜程度、當地社會處方服務整體的成熟度，以及像是當地社區活動或外展活動的能量高低等更廣泛的因素有所調整。

簡單來說，連結者的任務大致可分成四個面向：

討論	與使用者討論其感受狀態及期待需求。
調配	調和配置適合使用者的處方箋計畫。
支持	與使用者及其所連結的方案提供者，建立三方支持網絡。
共伴	過程中持續陪伴與跟進使用者的整體狀態。

根據《初級照護網絡之社會處方連結者就職手冊》（*An Induction Guide for Social Prescribing Link Workers in Primary Care Networks*[2]，後續將簡稱為《連結者就職手冊》），連結者的任務內容可以再細分如下：

連結者的主要任務

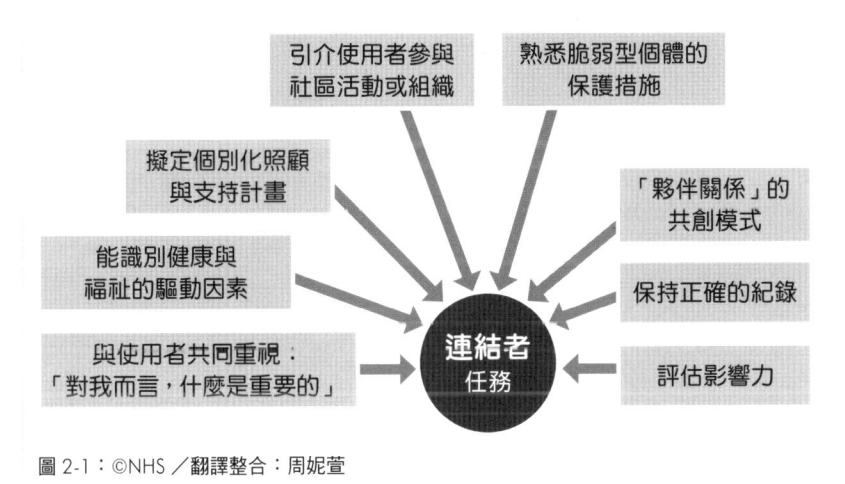

連結者任務：
- 引介使用者參與社區活動或組織
- 熟悉脆弱型個體的保護措施
- 擬定個別化照顧與支持計畫
- 「夥伴關係」的共創模式
- 能識別健康與福祉的驅動因素
- 保持正確的紀錄
- 與使用者共同重視：「對我而言，什麼是重要的」
- 評估影響力

圖 2-1：©NHS ／翻譯整合：周妮萱

---

2. https://ppt.cc/fv3Edx（瀏覽日期：2025/03/08）

▶ 成為連結者需要的是「專業特質」,而非標準資格

究竟成為連結者是否該取得國家證照,或是考過所謂的 Level 1、Level 2、Level 3 資格或國際認證呢?首先,我為讀者們統整 NHS 為連結者所做的定義[3]:

> 連結者在社會處方系統中扮演關鍵角色,他們須與使用者建立信任關係,並提供個別化支援。連結者引導使用者專注於思考「對我而言,什麼是重要的?」,並依據雙方討論的結果,盤點出整體可用的協助方案,將使用者與適當的社區團體和服務方案加以連結。

連結者的工作核心方向主要有:
- 增強社區韌性(Community Resilience)。
- 透過為使用者解決債務、低品質的住房條件,以及不足的身心健康活動等更廣泛的健康決定性因素,減少健康不平等狀況。
- 增加人們積極參與當地社區事物的動能和機會。

---

3. https://ppt.cc/fGG5Ax(瀏覽日期:2025/03/08)

連結者除了透過支持人們解決影響其福祉的複雜問題，減少健康不平等問題之外，也**支持在地的社區團體為其所提供的社會處方服務發展可近性（accessible）和永續性（sustainable）**。

英國的國家連結者協會（National Association of Link Workers）也提到連結者的專業工作準則包含[4]：

- 提升使用者和照顧者的整體福祉、權利和利益。
- 協助建立並維繫使用者和照護者間的信任和信心。
- 幫助使用者獨立，同時盡可能保護他們免受危險和傷害。
- 誠信行事，維護大眾對社會處方連結者的專業信譽。

看到這裡，你是否也好奇連結者的具體資格究竟是什麼呢？

其實，目前英國包括 NHS 在內，認為連結者一職並沒有所謂的「標準資格」，**僅提出從事此一工作所需較為廣泛的「專業特質」**，因為每個區域都會發展出不同的社會處方系統或方案，所以連結者的特質與職責範圍也應當交給各地自行斟酌。這也是何以很難就連結者的資格達成一個蘿

---

4. https://ppt.cc/fkniqx（瀏覽日期：2025/03/08）

蔔一個坑的認定,實際上也不需要。

但想成為連結者,可能就需要擁有特定領域的專業知識和能力,或是藝術、自然、運動等方面活動的執行經驗。因此在英國,連結者可以來自不同背景,待過不同的工作環境,包含地方當局、教育、志願部門,或其他醫療服務組織。**某種程度來說,一個好的連結者最重要的是對「人性的多元」具有洞察力、同理心及共感力。**

目前臺灣尚未有英國制度中的社會處方連結者一職,因此,完整理解英國社會處方體系中連結者的關鍵角色與運作方式,將有助於未來臺灣在相關制度的落實和專業人才的培育上,建立正確且完善的觀念。

接下來,我將彙整英國 NHS 提供的《連結者就職手冊》及《社會處方連結者的勞動力發展架構》(*Workforce Development Framework: Social Prescribing Link Workers*[5]),幫助讀者更有系統的認識這個生命的配速員——「社會處方連結者」。

▶ 連結者的受訓義務

如同前面所提,雖然社會處方發源地英國並未給予連

---

5. https://ppt.cc/fAv8lx(瀏覽日期:2025/03/08)

結者特定的框架模組或規格,不過連結者在正式展開工作前,仍須完成以下基礎任務,如:

- 通過英國健康教育（Health Education England, HEE）學習計畫。
- 報名並接受個別化照顧機構（Personalised Care Institute, PCI）適當培訓,或取得資格。
- 參加各地區的整合護理系統（Integrated Care System, ICS）,或英國國家健康與醫療服務提供的同儕支持網絡。

以上都是新進連結者須接受的強制性法定培訓,包括瞭解以人為本的方法、具備個別化照顧技能、懂得如何建立支持計畫,到執行安全保護和資料保護等。此外,英國也時常辦理相關課程、研討會,鼓勵連結者吸收新資訊,與同儕網絡保持交流。

▶ 連結者的核心能力

通過基礎能力檢驗後,連結者還需具備以下四大核心能力:

1. 促成關係建立與連結人們的能力

（Competencies to engage and connect with people）
2. 賦能並支持人們的能力
（Competencies to enable and support people）
3. 促進社區發展的能力
（Competencies to enable community development）
4. 安全且有效實踐的能力
（Competencies for safe and effective practice）

一、促成關係建立與連結人們的能力

社會處方箋計畫成功的關鍵在於，連結者能否與使用者建立良好信任關係。連結者應透過「對你而言，什麼是重要的？」此一有意義的提問與使用者開啟對話，為使用者找出各種可行的社會處方箋方案，最後與其一同完成社會處方的旅程。

每一位連結者都必須具備能夠與人們建立關係與連結的能力，包括懂得如何傾聽，並且善用語言和非語言方式與他人溝通。此外，連結者在和使用者分享如何獲得支持的資訊時，應留意不將自身的價值觀強加在使用者身上，而是懂得創造對話，吸引並激勵與他們共事的使用者。

需要的能力	內容描述
收集資訊，並能依對方需求調整提問方式	連結者需瞭解能從使用者身上收集到準確資訊的重要性，並懂得適時配合使用者的狀況調整提問風格。這包括（但不限於）： • 能運用讓使用者無法用「是」或「否」來回答的開放式提問，例如「請告訴我更多關於……」，以便將對話引導到對使用者而言重要的事情上。 • 同時也能運用封閉式問題來關注主題，並澄清關鍵訊息，例如：「您認為您的照顧責任是可以管理的嗎？」
表現出積極傾聽的態度	連結者需具備積極傾聽技巧，才能與使用者共事並建立關係，同時確保所收集到的資訊是準確的。這包括（但不限於）： • 透過肢體語言和非語言方式展現樂意傾聽的姿態，需留意包括姿勢、接近程度、身體動作和表徵、面部表情、眼神交流等細節，並且懂得適時停頓或保持沉默，讓使用者能夠回應。另外也可以使用點頭、聲音等其他口語信號。 • 展現出在心理、社交和情緒等層面上與對方同在，且有意識的消除分心或干擾，傾聽並理解使用者正在溝通的內容。 • 回應時需使用與個案相同的語言，以確保對方感受到被傾聽，並建立融洽的關係。
適當識別和摘要訊息	連結者必須能夠準確識別及摘要從使用者端收集到的資訊，才能確保自己已清楚理解所有對使用者重要的主題。這包括（但不限於）： • 適時調整提問風格，以檢視自身是否真正理解情況，以及使用者所要傳達的真義，像是對不清楚的問題進一步提問，釐清使用者提到的背景資訊、情況、詞語的意涵。 • 使用明確的口頭摘要確認使用者所提供的資訊。包括針對對話中特定主題的內容摘要，以及對話結束時的最終摘要。 • 使用經過有意義排序且彙整後的資訊來回顧對話內容。辨識資訊中的落差，進而考量後續個別化照顧和支援計畫的執行步驟。

需要的能力	內容描述
揭開訊息的神秘面紗，並確認情況	連結者需瞭解不同的人對相同的情境有不同的觀點、詮釋和理解，並且重視確認彼此共同理解內容的必要性。這包括（但不限於）： • 使用效益、風險、替代方案和無所作為的結果模型（Benefits, Risks, Alternatives and Outcomes from Doing Nothing, BRAN[6]）來確認共識，並依據個體的生活歷程，討論每種可能性所帶來的意義。 • 使用合宜的語言確保訊息傳達清晰不模糊，包括協助使用者處理相關過程中所需執行的手續、翻譯專業術語（例如個案遇到財務困難時），以及調整溝通方式以滿足個案需求。
同理使用者的想法、感受和作為	連結者應理解與使用者建立關係，並能順勢調整應對方式的重要性，同時也要懂得保持適當的界線。這包括（但不限於）： • 對使用者的作為使用肯定的陳述，並以正向言詞肯定個案的努力和成就，例如：「你告訴我之前你曾嘗試改變，這表示你有很大的決心。」 • 對使用者的想法、感受和症狀給予肯認，並且讓對方理解這一切都是正常的反應，其他人也都有過類似的經歷。 • 透過回應和文字，讓使用者知道我們正盡力理解他們的感受，從而表現出同理心。這包括從使用者的角度看待事物、辨識情緒、避免評價，以及傳達關鍵觀察。
處理困難的對話仍舊保持信心	連結者應能理解，使用者會較難對心理健康和家庭虐待等困難話題進行對話，也需能理解其中的原因。 連結者應與使用者建立融洽與信任關係，以便能夠進行困難的對話。連結者也應展現所有前述能用來建立積極關係的能力。 連結者應對探索困難主題展現出信心，並在需要時使用適當的工具建立對話。

---

6. https://ppt.cc/f3eRNx（瀏覽日期：2025/03/08）

需要的能力	內容描述
根據使用者的需要和偏好進行溝通	連結者與使用者溝通時應運用適當的方法和機制，包括非語言溝通技巧。這包括（但不限於）： • 理解如何調整溝通方式，包括以在與學習障礙者或自閉症患者溝通時所使用的無障礙溝通法；此外，也理解在會談或書面訪談的過程中，使用者都能找翻譯員幫忙翻譯資訊。 • 詢問使用者是否有偏好的溝通方式，包括他們希望何時接收訊息，以及希望使用的形式。 • 根據個人的偏好、需求和權利進行調整，以滿足溝通需求。
具備環境氛圍意識	連結者應認知到提供給人安全感的環境和空間非常重要，因為這麼做有助於與使用者建立關係，並且能讓使用者放心探索「對我而言，什麼是重要的？」。這包括（但不限於）： • 透過物理上重新布置環境，提供一個溫馨且安全的空間來進行困難的對話，例如確保環境中的隱私、重新布置椅子，並提供一個友善的環境。 • 調整設定，以符合個人需求和偏好，例如，在適當的情況下，在社區或某人家中的中性空間舉行實體或線上會談。
有能力運用多種諮詢方法	連結者應理解不同諮詢方法的優點和缺點，並確認使用者的生活條件及其是否有能力使用數位工具，以評估數位諮詢的需求與可行性。並且也能針對有額外需求者（如感覺障礙、學習障礙，或有額外語言需求者）調整諮詢方法。 連結者應在科技運用、遠距醫療和遠距諮詢方面擁有足夠技能，並在需要時調整諮詢方式。

二、賦能並支持人們的能力

連結者應能將透過與個案建立關係所收集到的資訊，用於支持個案與社區建立連結，同時與個案共同制定個人

化照護及支持計畫，進行目標設定並探索所有可能達成的目標選項，以確保提升個案的健康與福祉。

需要的能力	內容描述
著手制定個別化照顧和支援計畫	連結者應理解個別化照顧和支持計畫的重要性，且在制定計畫的過程中應以使用者為中心。因此，連結者應能爬梳相關流程，包括： • 使用上述提到的能力、方法，對使用者的健康和福祉進行首次全面評估，並支持使用者自行構思計畫，同時以使用者的語言以及對其有意義的方式，記錄過程中的對話、決策和商定的結果。 • 運用首次整體對話討論潛在的選擇和前進的道路，共同分享並確認對所有選擇的理解，包括不採取行動的選擇。 • 根據使用者的信心、能力和機會程度，與其共同產出可實現且有效的成果，並制定獲得成果所需採取的明確路徑。 • 展現能有結構和組織性的記錄對話的能力，且盡可能記錄下與使用者相關的故事，以便將來仍可持續更新資訊。
評估並調節使用者的積極程度	連結者應將使用者的積極性定義為一個人在管理自身健康和照護方面所擁有的知識、技能和信心。這包括： • 知悉積極度對使用者參與健康和照護服務及管理自身健康的影響，同時也理解使用者的積極度可能也會因其每天的具體狀況而有差異。 • 透過非正式或正式評估，衡量使用者的積極程度。 • 調整方式以支持不同積極程度的使用者，包括倘若同一使用者的積極程度有所波動，也能加以調整。

需要的能力	內容描述
評估並調節使用者的健康識能程度	連結者應將健康識能定義為使用者對其健康擁有足夠的知識、理解、技能和信心,並協助使用者利用相關健康資訊,善用健康和社會照護系統。這包括: • 健康識能關乎使用者能否善用健康和社會照護系統,與其參與社會處方箋計畫的能力。 • 使用相關工具(包含非正式或正式評估)衡量個案的健康識能。 • 應配合使用者當前的健康識能程度,調整提供給個案的資訊。 • 應規劃一條增強使用者健康識能的途徑,以支持其實現個別化照顧計畫與欲達到的成果,例如處理某一與使用者健康福祉需求相關的特定主題或服務。
透過導引和動機式訪談技巧,促進並支持行為改變	連結者應瞭解行為改變是一個動態過程,並能夠使用特定技巧吸引使用者探索其優勢、渴望以及改變的動機,促進其決策自主權。這包括(但不限於): • 理解行為改變的理論模型,並應用於社會處方箋中。 • 展現並應用健康引導方法背後的理論來與個案互動。 • 在與個案互動的過程中展現並應用動機式訪談法。 • 理解「讓每次接觸都有意義」背後的理論,並利用與個案的所有互動進行關於健康福祉的對話。
展現文化能力以及對平等、多元和共融概念的理解	連結者應理解文化能力的概念,並將其定義為文化如何影響使用者的思維、行為、價值觀,以及其對健康福祉的認知。連結者應當: • 展現對差異和多樣性的意識及尊重。 • 在與來自不同文化背景的使用者合作時,能應用這些知識和理解評估使用者的價值觀和需求,以促進對話或做出調整。 • 反思自己對各種形式的差異和多樣性所持的態度和應對方式,並在需要時調整應對方式和方法。

需要的能力	內容描述
根據個別化照顧和支持計畫的目標，評估使用者的發展	連結者應瞭解與使用者共事時，經由個別化照顧和支持計畫實現使用者也肯認的結果之重要性。連結者應當： • 透過與使用者的個人化對話來評估進展。 • 能根據持續變化的情況靈活探索新路線和機會，並同步調整計畫，支持使用者實現期望的成果。

三、促進社區發展的能力

有效的社會處方內容，仰賴轉介人們進入社區參與活動和獲得支持的服務方案。以下是連結者在促進社區發展時所需的相關能力，包括識別、培育和支持社區資源的發展。

需要的能力	內容描述
理解使用者和公眾參與社會處方服務的重要性	連結者應瞭解共同產出和共同設計的意義及重要性，並將共同產出的原則和價值融入與各方的所有互動中。這包括： • 連結者應明白並妥善傳遞英國國家健康與醫療服務的核心理念，鼓勵公眾參與健康服務的內容設計。 • 透過使用者和社區的回饋表、調查、焦點團體，或其他形式的回饋，促進相關服務和經驗的資訊收集。 • 將共同產出原則應用於社區合作，瞭解服務提供的落差，支持服務計畫、設計和內容傳遞。 • 應用技能和知識來識別並支持可能希望利用自身經驗支持社區大眾，或參與共同產出的個人，包括向這些人推廣同儕領導力發展計畫。

需要的能力	內容描述
識別、盤點,並描繪包含基本資訊在內的社區資產	連結者應透過以社區資產為基礎的社區發展方法（Asset-Based Community Development, ABCD[7]），運用社區優勢和潛在機會促進社區永續發展。 連結者也應運用 ABCD 方法發揮其支持社區發展的作用,包括: • 連結者應瞭解如何識別、盤點,並描繪社區資產,例如團體、服務和支持組織、社區優勢,及其支持健康福祉的潛力。 • 連結者應記錄相關資源內容和轉介過程中的各種協調狀態,包括轉介途徑、標準,以及相關團體的目的和服務內容。 • 連結者應與社區夥伴攜手合作,盤點描繪當地的資產、資源供應和機會。
協助社區建立以其社區資產做為社會處方推動基礎的能力	連結者應使用資源地圖來確認與記錄資源供應的落差,特別是健康不平等的部分,並透過正式途徑將相關資訊回饋給負責督導的初級醫師、社會處方服務經理、臨床委託小組（Clinical Commissioning Group[8]）,或適當的 VCFSE 組織。 連結者應具備先前所提到的共同產出和共同設計能力,方能支持以個人為中心的社區發展。 連結者在支持社區發展時應與其他組織夥伴合作,以免重複執行類似方案,或破壞社區現有的發展或資源供應。

---

7. https://ppt.cc/fLJH9x（瀏覽日期：2025/03/08）
8. 臨床委託小組是根據《2012 年健康與社會保健法案》（The Health and Social Care Act 2012）設立的國家衛生服務組織,負責整合英格蘭各地的 NHS 服務。2022 年 7 月 1 日,根據《2022 年健康與照護法案》（The Health and Care Act 2022）,臨床委託小組已被廢除,並由綜合照護系統取代。雖然 NHS 官網上並未做修正,仍在此敘明補充。

需要的能力	內容描述
支持人們參與社區團體或服務	連結者應運用「以社區資產為基礎的社區發展方法」，識別適合個案使用的社區資產，包括： • 以正式或非正式的方法（例如確認清單）評估服務內容的品質，包含該團體組織的結構透明度，以及所能提供的保障等。 • 確認服務內容能滿足使用者達到預期的成效、積極度、健康識能，及其他廣泛需求。 • 透過在進行社區參與時所實際碰到的障礙，例如交通和通訊需求，**構思是否能夠與使用者一起克服障礙**，並做進一步規劃。
支持社區團體和服務的可近性	連結者應明白社區團體和服務的無障礙供應狀態，並瞭解如何支持和促進社區的可近性。 連結者應運用上述知識提出適當且可行的建議，包含如何讓使用者容易親近服務（例如交通工具），以及團體或服務如何推展內容（例如提前聯繫以討論可訪問性，或討論使用者如何參與調整措施）。
具備對獎補助流程的認識	連結者應理解資金協調的安排能力，可能會增強或降低社區的韌性，並取決於雙方是否能有效率的執行。 連結者應明白哪些國家和地區的獎補助金可用於支持社區發展和個案，並透過提供適當的支持資訊促進相關申請。在適當的情況下，連結者應具備足夠的能力支持使用者代表自己申請相關費用。
具備對個人健康預算的認識	連結者應明白什麼是個人健康預算，以及如何利用它支援個別化支持計畫的實施。連結者應運用這些知識，並支持個案在適當的情況下獲取個人健康預算，並協助他們獲得預期的個人化健康和福祉成果。

四、保障使用者安全,並取得方案成果的能力

使用者通常會有複雜的健康或照護需求,因此連結者必須有能力安全的執業,為使用者提供具實證基礎的介入措施,並記錄工作成果。這包括連結者須依照 NHS 制定的標準行事,並在經批准的模式和框架內工作,以確保連結者和與他們共事的使用者都能獲得保障,並以專業關係進行合作。

需要的能力	內容描述
應成為多學科團隊（Multidisciplinary Team, MDT）中有效率且值得信賴的成員	連結者是多學科團隊中有效率且值得信賴的成員,並瞭解其他同事所扮演的角色,為團隊做出獨特貢獻。這包括: • 連結者應理解自身角色的界線,以及如何、何時將個案呈報或轉介給其他健康專業人員。 • 連結者應理解其他醫療保健或照護專業人員的角色、職權範圍,以及他們所提供之服務的侷限性。 • **連結者應反思自己的知識程度,並尋找方法來理解其他角色**,例如與多學科團隊或提供社會處方箋方案的 VCFSE 組織同仁們共學,藉以發揮自身在團隊中的角色。 • 連結者應展現對同事的尊重,並採取專業的語言與作為。

需要的能力	內容描述
應遵守規定，並接受法定相關培訓	連結者應瞭解初級照護原則，或接受法定機構、VCFSE 雇用組織所要求的培訓，以確保自身工作安全，並且持續參與相關培訓，將獲得的知識運用於各種實務狀況。相關培訓可能包括（但不限於）： • 兒童和成人保護 • 保密義務 • 資訊治理與資料處理 • 獨立工作 • 平等和多元的意識 • 工作中的健康與安全 • 家庭虐待意識 • 《2005 年心智能力法案》（Mental Capacity Act 2005）的意識 • 情緒復原能力 • 社會福利意識 • 文化能力
應理解有責任義務保護使用者免受傷害	連結者應瞭解保護兒童和成人的責任，並瞭解在與弱勢群體合作時也負有同等責任。 連結者應運用訓練所得的知識，識別可能面臨傷害風險的使用者，並遵循適當的流程以保護使用者，包括如實將狀況呈報給主管，同時也瞭解不這樣做的風險和影響。
應遵守資訊治理原則和協議	連結者應遵守法律和倫理規範，確實理解資訊分享和保護的原則。這包括： • 安全的使用電子郵件和儲存資訊。 • 與未滿 16 歲的年輕使用者合作時，應根據「吉利克能力」標準（Gillick Competence[9]），確保他們同意接受非醫療支持的相關規定和資訊分享流程。 • 與成年人合作時，應根據《2005 年心智能力法》，確保他們理解同意資訊分享的流程。

---

9. 「吉利克能力」標準是英格蘭和威爾斯地區，在評估 16 歲以下族群是否可以在無須父母許可或知情的情況下同意自己接受治療時，所採納的標準。

需要的能力	內容描述
應理解保存和維護準確紀錄的責任與義務	連結者有責任與義務保存**準確且及時**的工作紀錄，以保障自身和使用者的權益。 連結者也應理解，完善的紀錄能讓**使用者避免重複講述自身經歷**，也有助於與其他機構或專業人士共享紀錄。
應理解健康的決定因素（或其他更廣泛的因素）、健康不平等和人口健康的內容	連結者應對與更廣泛的健康決定因素及健康不平等相關的關鍵術語有所理解。 **連結者應理解各種健康決定因素如何影響大眾的健康和福祉，包括人、環境和職業之間的動態，以及適用於社會處方的生物心理社會模型。** 連結者應理解社會處方做為公共健康介入措施的概念，以及它如何積極預防初級、二級和三級身心疾病。 連結者應對與特定風險族群相關的社會處方發展摘要證據有所理解，且知悉在地人口及其所經歷的健康不平等資訊，並應運用這些知識解決特定健康不平等問題，特別是在資源稀缺的情況下。方法可能包括努力讓使用者（例如來自共融性健康團體者）更容易獲得服務，或針對群眾提供主動獲得社會處方箋的機會。 **連結者應將這些知識共享給以社會處方箋為優先項目的多學科團隊，協助他們在決策時將之納入考量。連結者關注的對象包括（但不限於）：** • 有慢性病者 • 需要心理健康支持者 • 感到寂寞或被孤立者 • 具有影響其福祉的複雜社會需求的個人 • 照顧者 • 兒童和青少年

需要的能力	內容描述
應利用現有證據基礎，進行社會處方介入和活動	連結者應理解社會處方介入措施的摘要證據，包括藝術和創造力、運動和身體活動，以及基於自然的活動，以便促進使用者的健康和福祉。 連結者應理解影響使用者健康的現實因素（例如住房、債務管理和困難關係），及相關社會處方箋所能提供的幫助。 與使用者和服務提供者合作時，連結者應運用上述知識，並選擇最適合使用者及其期望結果的方法。
應透過多樣的途徑記錄，並展現影響	連結者應理解衡量結果的重要性，以驗證社會處方箋所帶來的影響，並透過證據展現社會處方箋如何影響並促進社區發展。 連結者應瞭解各種用來衡量社會處方箋成果的評量方法（例如英國國家統計局的「四個主觀幸福感評量」〔Office for National Statistics 4, ONS4[10]〕），並應用這些知識為個案選擇適當的成果衡量標準，同時辨識這些衡量標準何時不適用，或哪些衡量標準不合適。 除了正式的成果衡量方法外，連結者也應認識其他紀錄方法，並將這些知識應用於個人化方法，展現其所產生的影響，包括分享個人故事和案例研究，以及衡量服務滿意度。

---

10. https://ppt.cc/ffPSrx（瀏覽日期：2025/03/08）

▶ 總結

扮演著使用者主要共事夥伴「角色」[11]的連結者,須注意的工作事項有:

- 連結者的轉介來源包含初級照護網絡(Primary Care Network, PCN)、外部機構,或使用者自我轉介。
- 連結者會與使用者展開以人為本的對話,並詢問使用者:「對你而言,什麼是重要的?」
- 在使用者平均3個月、約6～12次的參與過程中,連結者也扮演從旁給予支持的角色。連結者每年經手的案例數量最多為200～250人,但此數量也取決於不同使用者狀況的複雜程度。
- 連結者協助人們辨識影響其自身健康和福祉的問題,並與其共同制定簡單的個別化照顧與和支持計畫(Personalised Care and Support Plan, PCSP)。
- 連結者使用導引(coaching)和動機式訪談技巧,支持人們掌控自己的健康和福祉。
- 連結者以滿足使用者在生活、社交和情感上的需求為主要目標,將合適的非醫療性社區活動、團體和服務

---

11. https://ppt.cc/fDsl2x(瀏覽日期:2025/03/08)

等內容引薦給使用者。其中也包括專家諮詢服務、藝術文化、體育活動及自然和綠色活動等。這些內容即是所謂的社會處方箋方案。

- 連結者透過與在地的志願組織、社區組織、信仰組織及社會企業、地方當局和其他機構合作,支持社區服務的可近性和永續性。同時協助找出服務內容的供需差距,並提供活動和社群以滿足人們的需要。
- 連結者須根據當地人口健康管理的優先事項,主動為相關群眾提供社會處方箋服務。
- 連結者需透過使用英國國家統計局的四個主觀幸福感評量,或採用(結合)其他適合在地的結果衡量方法,收集結果及對使用者有影響力的因素。施行評測與影響力評估也是社會處方箋的重要趨勢,這部分我也會在文後整理分享給大家。

在英國,連結者可能受雇於地方當局、初級照護網絡,或是提供社會處方箋服務方案的社會型基礎設施或相關組織(也就是前面提到的在地志願組織、社區組織、信仰組織,或社會企業)。因此,連結者的就業與聘用同樣會因各地所採用的社會處方箋計畫而有不同的配置。

說到這裡,連結者的重要性應當已不言可喻,希望以

上說明能幫助大家更完整理解連結者的角色與工作，讓未來的處方箋計畫執行更有所本、更加穩當。

方案設計

▶ 誰可以提供「方案」？

　　社會處方應當是一個經過整體規劃的良好系統，在規劃時也需涵蓋許多層面的思考，但如果你問我「一個好的社會處方箋方案的必要元素是什麼？」，我的回答肯定是「人」（連結者、方案設計者）和「方案」（服務方案，包含指引建議或活動內容）。

　　前面的章節已深入探討連結者的特質及任務，現在我們就來談談在英國也少見分析的「方案」。

　　目前常見的社會處方箋方案提供者，多數來自第三方組織或社會型基礎設施。在英國，這些組織設施被統整為四大類別，並簡稱為 VCFSE——**志願組織、社區組織、信仰組織、社會企業**。舉凡圖書館、博物館、美術館、文化中心、表演藝術中心、社區據點、社區大學、教會、廟宇，乃至於

具有社會企業性質的咖啡館、獨立書店等,都是生活中隨處可見的例子。

事實上,只要是位處社區,且能夠營造尊重差異、共融平等氛圍,並提供良好方案設計的組織,就有機會成為方案提供者。因此,組織內部也應當重視「方案設計人才」,也就是方案設計者。

值得注意的是,這項專業工作在臺灣常被歸在「**教育推廣**」、「**活動企劃**」等類別,導致這些夥伴長久以來常被視為「只是辦活動的人」,進而產生「社會處方箋 = 辦活動」的誤解。忽略方案設計以及專業人才的培育,將破壞社會

▌社會處方箋的關鍵執行者

連結者／施發者 開立 → 自然環境、藝文場館、運動、圖書館、志願組織、信仰組織

第三方組織／社會型基礎設施
方案設計者
(教育推廣、方案策畫)

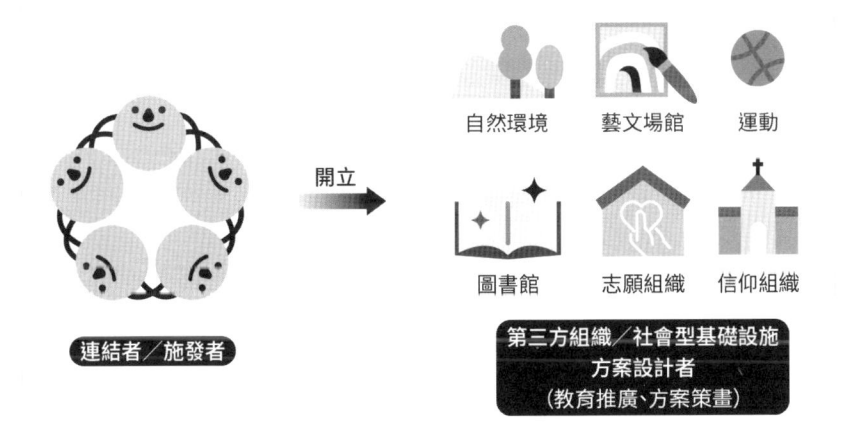

圖 2-2:©NHS／歸納整合:周妮萱／繪製:丸同連合

處方的系統性、完整性和動態性。這正是臺灣在實踐社會處方時讓人憂心的一點。

▶ 從整體性評估出發！

「系統性」及「整體性」，是我長年以來在臺灣推動社會處方或具有社會處方本質的深度計畫時相當重視的核心精神，相信你也已經深刻感受到英國在推動社會處方時也是如此。

當擁有系統性和整體性的思維，我們將能看到每一個行動背後更深遠的影響和存在的意義。因此，在設計社會處方箋方案時，必須先通盤彙整方案的六大支柱：

1. 地區文化
2. 關係人／關係組織
3. 施發對象
4. 資源盤點
5. 方案內容
6. 評估機制

▶ 方案設計的基礎向度思考：保持靈活是王道！

社會處方箋的方案類型可以很多元，而「方案內容」的設計思考則是關鍵。由英國倫敦發布的《倫敦社會處方的下一步》指引（*Next Steps for Social Prescribing in London*）也提及方案的種類大致可分成五種，相應的方案活動則有：

方案類型	方案活動
「**主動型**」：透過持續運動來保持身體活躍	運動、健走、舞蹈、園藝、志願服務、就業支持……
「**創意型**」：以興趣為基礎，結合現有技能或學習新技能	藝術、舞蹈、歌唱、園藝、親近大自然……
「**學習型**」：終身學習，發展新技能，並建立信心	成人教育或終身學習課程、志願服務、就業支持……
「**連結型**」：走出家門，透過小組或一對一的活動與人互動，並建立關係	同儕支持團體、信仰團體、編織團體、社區團體、俱樂部、志願服務、維修咖啡館……
「**支持型**」：獲得建議和支持	住房、債務、家庭暴力、就業等問題諮詢……

和我們一路走到這裡的你是否也敏銳的發現，此指引所列舉的許多方案活動是重複出現的？其實這正好也顯示：「**沒有單一活動可以滿足所有需求，需求也無法只靠單一活動就能滿足。**」而「**以人為本**」的社會處方正能如同中醫般，針對每個人的生命經驗和需求開出合適的複方。

然而，方案設計的精髓也在於如何以更加開闊的視野和思維，靈活運用好的概念。換個角度思考，這五種方案類型其實是一個好的社會處方箋方案可以具備的「要素」、「性

質」，或「向度」。我也曾將這樣的設計思維運用在與國家兩廳院合作的「表演藝術社會處方箋」中，這個思維也如預期的在執行過程中，發揮了讓整體方案和課程內容保持在正軌上的功能。

▶ 設計方案須注意的七大向度

方案設計雖沒有制式標準，卻仍有著通用的基本原則。在臺灣設計社會處方箋方案的這些年，我嘗試將《倫敦社會處方的下一步》指引中所提到的方案類型轉化為「向度」加以運用，也獲得相當良好的成果。接下來，就與大家分享在規劃社會處方箋方案時，如何從以下七大向度進行設計：

一、創意性

具創造性的活動能夠為使用者帶來「**看待周遭環境的新視野**」及「**應對自身處境的新觀點**」。通常人們需要社會處方箋時，往往正是他們面臨生活上的各種挑戰或問題時，然而事實上，**問題需要的不是被解決，而是能夠被「從新的角度去看待」**。

方案或活動所含括的內容，能給予使用者新的方法和思維面對生活中的挑戰，而這個「新」指的就是「創意」、

「創新」、「創造力」。因此，無論何種類型的社會處方箋，都應重視方案內容是否能引領參與者從創意中找到通往自己的新路徑。

二、學習性

方案若能為使用者帶來**輕量適度**的學習，並且將課程設計成能幫助使用者反覆練習、將概念或技能內化成習慣，不僅不會造成使用者參與障礙，反而能協助他們建立自信，或甚至進一步培養出能成為他們生活重心的興趣。

「生活有重心」其實也是面對困境或維持日常心理節奏很重要的根本。此外，在課程中所學到的技能，有時也能意外的為使用者帶來經濟收入。

三、連結性

即使參與社會處方箋的看似只有人，在內容設計上也必須思考如何為**「人與人之間」、「人與計畫之間」、「人與環境之間」**建立連結。這些連結不應侷限於課程內的參與，更應包含使用者回到自己的日常生活後，是否也能與周遭的人、社區、環境乃至社會，產生更深的連結。

四、支持性

所謂的支持性其實來自整體流程及內容執行上的體驗，因為良好的服務設計能讓使用者感受到團體支持的力量。我協同設計的社會處方箋計畫都因為整體規劃良善，而自然產生支持的效果，且這樣的效果也常會延續到方案結束後，使用者之間有時甚至會自行組成支持團體，延續彼此的連結。

五、主動性

規劃方案時，都應思考活動結束後能為使用者帶來何種影響，倘若在活動結束後使用者仍會主動運用在活動中所學習到的知能（無論是身體、心理，或行為上的運用），便是達成了「主動性」的目標。

例如，我們曾在一個舞蹈處方箋計畫的每堂課程中安排使用者做一項類似正念冥想的活動，有位參與者在結束課程後表示：「前三次我真的做得好厭煩，覺得為什麼要一直做同樣的事。但到了第四次上課，我突然感覺到自己可以平靜的跟著做，做完後還出現了從未有過的舒暢感，所以後來我平常也會抽空做這個活動，並且持續的做下去。」

透過活動中的反覆練習啟發參與者，進而讓他們在日常生活中也能主動關照自己，這就是主動性的意義。

六、持續性

社會處方箋與一般活動最大的差別就在於「參加次數」。我在推廣社會處方箋時常說:「你去看完醫生都會乖乖吃幾天藥了,『服用』社會處方箋時更應該如此。」但兩者的差異在於,醫療提供的是治療和處置,**社會處方箋則有機會改變使用者的「行為」**。

英國的社會處方活動參與通常為期 8 ～ 12 週,並且有固定的結構和追蹤方式,所以設計方案時也應思考「**劑量**」,也就是使用者需參與的時間長度與頻率次數。依我過去的經驗,甚至可以在課程的空檔間為使用者安排些「作業」,讓他們可以在日常生活中持續實踐。使用者可以像前面提到的舞蹈處方箋使用者一樣保持耐心,因為給現在的自己一段充足的時間,就等於是給未來的自己更多機會。

七、可驗證性

在服務設計 (Service Design) 的領域中,服務常常關乎體驗、感受和心情,所以它所帶來的成效往往是「無形的」。因此,**服務設計在思考方案成效和影響力時,也會將如何讓這些無形的價值被「可視化驗證」納入考量**。

社會處方箋提供的也正是服務,因此我認為團隊在設計方案時必須針對方案的「可驗證性」預先做好規劃。目前

一般會採用的驗證方法包括：運用評測進行前、後測，以及個別觀察紀錄、焦點團體。此外，任何能夠呈現質性或量化的方法都可以被採用。

社會處方箋方案的主要向度

圖 2-3：©《倫敦社會處方的下一步》／歸納整合：周妮萱／繪製：丸同連合

總結

如同英國在發展社會處方時，鼓勵每座城市、每個地區都要遵循前面提到的七個向度做整體評估，以調配出合適自己的社會處方箋方案，我也鼓勵國內有志於方案設計的團隊，在設計方案前先經過總體評估與分析，包含要採納

哪些向度進行設計。我所轉譯的七個向度雖然應可做為設計不同類型社會處方箋時參考的指標,但也請務必記得,你的所有設計選擇都已經過有意識的分析。

實證與影響力

■ 社會處方有效嗎？讓證據說話！

　　如同所有非臨床的社區健康方法，社會處方做為創新的醫療社會跨域服務模式，其多元整合的特性及影響過程的複雜性，都加深其「成效」評估的難度。

　　英國某次線上論壇中，負責推動社會處方的政府代表就曾表示：「推動社會處方的過程是充滿挑戰的，例如媒體就曾質疑我們：『你把錢用在社會處方上的成果是什麼？還不如將這些錢拿去買暖氣給各個中小學。』」

　　儘管如此，許多人都親身感受到社會處方的巨大成效，我甚至常感受到它為使用者帶來的思維及行為改變，往往比單純的藥物或醫療行為所能做的更加深刻。因此，推動一個符合在地需求的多領域整合系統，並衡量其社會價值、成本效益和經濟價值，是必經之道。

目前英國用於分析社會處方箋計畫影響力的方法，幾乎都有正向的經濟發現，特別是社會處方的施發能減少急重症的醫療和護理服務需求，但後續仍須要做更多的研究，以瞭解哪些受益者能提供最大的投資回報。

▶ 評估社會處方效益的挑戰

現有的社會處方評估主要集中在短期成果，特別是 12 個月以內的指標。這種短期視角限制了我們理解社會處方的長期影響，也使得社會處方的效益評估面臨以下挑戰：**研究資助週期短、樣本數量與規模較小、評估方法仍待持續發展**。

在成果測量方面，目前多數方案主要關注個人和社區指標，如社交連結、心理健康和整體福祉等。值得注意的是，大部分成果評估都集中在「社會參與」和「心理健康」這兩個面向，對工作、教育、住房等其他社會決定因素的研究則相對缺乏。這凸顯出未來研究需要擴展評估範圍，以全面理解社會處方的系統性影響。

因此，英國國家社會處方研究院提醒，實施社會處方效益評估時需要留意以下幾點[12]：

---

12. https://ppt.cc/fNWdbx（瀏覽日期：2025/03/08）

- 建立標準化的長期成果評估框架。
- 延長研究追蹤期,至少延伸至 36 個月。
- 擴展評估向度,納入更多社會經濟指標。
- 開發更精確的測量工具。
- 重視疫情等特殊情境對研究的影響。

▶ 價值可視化與評估心法

在評估社會處方箋方案的價值時,通常會同時從「質性」和「量化」兩個方向進行。

質性層面包含可採用個案觀察、總體觀察、焦點團體等工具;量化層面所採用的量表則沒有絕對的答案,關鍵在於清楚理解方案或計畫的目標、使用者、預期效益,甚至是利害關係人是誰,以及希望與誰溝通成果。因此,請務必記得隨時回頭釐清自己的需求。

如前所述,英國會讓連結者運用 ONS4 量表測量使用者的個人幸福感。在國際上,英國華威愛丁堡心理健康福祉量表(Warwick-Edinburgh Mental Well-being Scale,簡稱 WEMWBS[13])也很常見;我應該也是臺灣率先將此量表運

---

13. https://ppt.cc/fZxCxx(瀏覽日期:2025/03/08)

用在社會處方箋計畫的人,最初是用於與國家兩廳院合作的「表演藝術社會處方箋先驅計畫」。

請記得,評估的目的是為了「將價值可視化」。以下列出幾項可參考的工具:

- 問卷評測
- 觀察紀錄(總體觀察、個案觀察)
- 動態影像
- 側記文章
- 焦點團體訪談
- 經濟性評估(如社會投資報酬率)

另外,社會處方箋方案的整體執行重點包含:

追蹤 (Monitoring)	・掌握目標、時程、預算 ・保持障礙移除,讓方案得以順利執行
評估 (Evaluation)	・方案成效的掌握與測量 ・施行方向是否有效達到預期目標
共享 (Information and Knowledge Sharing)	・呈現社會處方效益的累積歷程與成果 ・跨領域的知識與經驗

整體而言，社會處方評估結構應包含以下四個核心層面：

投入（Input）	資源與人力。例如費用、連結者，或教育推廣者、引導者、志工。
輸出（Output）	可量化的活動與服務。例如參加人數、場次、方案報告、側記，或受刊登之文章、影像。
成果（Outcome）	對使用者在態度、行為與健康等方面的即時影響，或是評測前後的對照。
影響（Impact）	利害關係人或組織在參與方案後的長期改變。例如減少社會孤立，或提升社區凝聚力。

有了評估結構之後，如何執行評測也是重要的設計考量，評測的**環境氛圍、用具或媒介、時機點、引導語**都是不可輕忽的要素。若是讓使用者在參與時覺得活動進行得太匆促，或是因活動步調太緩慢而變得漫不經心，那麼整體評測成果也都會受到影響。因此在設計與執行評測時，請記得留意以下關鍵：

Who	對象是誰？
What	選擇何種評測方式與可視化驗證？前後測？向度？
Why	為什麼？（向度說明→回扣評測）
How	如何執行？
When	何時執行？執行時間或時機？
Where	在哪執行？（氛圍如何建立？）

▶ 總結

最後,我也彙整英國國家社會處方研究院對社會處方效益評估的幾個觀察並提出建議,希望也能做為臺灣借鏡:

- 小型組織要做效益評估的挑戰較大,因為它們可能缺乏時間、專業知識或資源來進行經濟評估。因此,須賦予它們**適當且持續的資源共享、技能知識,協助其建立提供實質證據的能力。**
- 專案時間和資金可用性,也會影響組織收集資料的能力。因此,應如同前述**延長追蹤研究期,才能有更多關於成本、效益和價值,及其逐年變化的資訊。**
- 社會處方仰賴現有的 VCFSE 提供方案和服務,但這裡也存在「成本」,所以**不要將 VCFSE 部門視為應「免費」提供社會處方箋方案的單位。**
- 雖然社會處方是以個別化照顧的思維從個體影響出發,但以整體視角觀之,仍須將社會處方視為整個生態系統的介入。社會處方會有多種可行的路徑和模式,包含人、活動本身,以及他們所在的社區。由於其複雜性完全有別於無塵實驗室,所以**我們更應持續發展與時俱進的評估方式,以多方面呈現社會處方的深度影響和珍貴價值。**

Chapter 3

藝術文化處方箋

【處方形式】

- 顧名思義，藝術文化處方箋的內容是「藝術文化」，因此除了傳統的博物館、美術館、圖書館、文化中心、表演藝術場館之外，也可能在第三方組織發生，比如信仰組織、社區組織、志願組織、社會企業。甚至也可以在「文化資產處方箋」的施發地點，如歷史古蹟、遺址等處發生。只要處方內容以藝術文化為主，通常都有機會成為藝術文化處方箋。

- 藝術文化在過去常給人帶來要被以美醜優劣加以評比的印象，因此許多人從中感受到的不是撫慰陪伴，而是壓力、厭惡（時至今日，藝術課程仍是多數人避之唯恐不及的夢魘）。然而，藝術文化處方箋則是在擺脫不正確的教育後，成為能夠療癒個體、強健心智的重要媒介。在運用上，隨著時代和科技的推進，除了傳統的八大藝術（電影、音樂、戲劇、舞蹈、繪畫、文學、建築、雕塑），整體藝術文化類別也開始朝向多元發展，可加以「調劑」成藝文處方箋的型態也更加豐沛。

關於藝術處方箋

　　人生就像握有一張無法回頭的單程車票，快樂不會全年無休報到，總有些時刻，你會受到來自工作職涯、社會氛圍、人情世故、親友同儕等方面的問題困擾，嚴重時甚至身心無法安頓。

　　當抑鬱悄然現身時，你的選擇是什麼？

　　多數情況，服用藥物並期待藥到病除可能是最直接的想法；然而，我們或許可以期待在不久的未來，在收到處方箋的那一刻，不再是去藥局領藥，而是以「社會處方箋」之名，前往博物館、美術館、藝廊或劇院參與藝術活動，或是去社區游泳池上游泳課、加入在地的俱樂部，不是為了休閒，而是要治癒身心。

　　世界衛生組織（WHO）曾將憂鬱症列為 21 世紀將造成失能及早逝的第二大疾病（僅次於心血管疾病）。如先前所提，英國因意識到憂鬱症人口比例日趨攀升，且青少年和

老年人兩大族群尤其明顯,因此在 2018 年正式設立「孤獨寂寞大臣」,以因應社會疏離所帶來的憂鬱問題。

其實更早之前,英國倫敦大學院教授 Daisy Fancourt 就曾以 10 年的時間追蹤 2,000 位 50 歲以上未罹患憂鬱症的民眾,調查「文化藝術活動參與度和憂鬱症發生率的關聯性」,並發現數個月參加一次藝文活動者,得憂鬱症的風險降低 32%,每個月至少參加一次者,患病風險更是降低了 48%,顯示**參與文化藝術活動有助於對抗因老化所產生的憂鬱情緒,且參與的頻率越高,就越不易憂鬱**。

由於定期且持續參與藝術活動能夠為人們的身心帶來穩定感,持續型計畫就成了藝術處方箋絕佳的推動方式。2023 ～ 2024 年間,我曾以評測設計和課程觀察研究的角色,參與驫舞劇場所主辦的「樂齡小學校」深度計畫,此計畫總計 4 梯次,每一梯次為期 12 週,主要參與對象為年長者,部分課程也開放青年參與。

此計畫進行時曾加入評測,同時輔以部分個案訪談,許多年長參與者都回饋因為每週二要來上整天多樣化的藝術課程,不僅睡眠品質變好,心情更愉悅,也因為能和不同的夥伴一起相處,開拓了更多的視野和想法。參與者的狀態也反映出前後測的評測結果,這正是健康和幸福感因深度參與而有所提升的展現。

圖 3-1：深度且多樣的藝術參與，能產生多元的益處／照片提供：驫舞劇場

▍「郵寄藝術」：連結地球和世上的每一顆心

　　英國做為肯定藝術文化有助促進大眾身心健康福祉的先驅國家，相當懂得運用藝術文化因應社會現況所帶來的問題和挑戰，其中新冠疫情期間幾個務實又充滿啟發性的社會處方箋計畫正是最佳展現。如英格蘭國家歌劇院（English National Opera）的「ENO 呼吸」計畫（ENO Breathe），經由社會處方系統轉介定居英國且正在經歷長新冠症狀（Long COVID）者參與 6 週的線上課程，教導他們

學習如何調節呼吸、減輕焦慮和憂鬱症狀[1]。

另外也有一項社會處方箋計畫，從原先只有英國居民可參與，擴大到身在臺灣的我也能加入。接下來就與讀者分享當時我有機會實際參與的「郵寄藝術」計畫（Art by Post[2]），這個方案某種程度上也是結合藝術處方箋與自然處方箋的「複方」。

在正式介紹這個處方箋計畫之前，想邀請大家回想當年新冠疫情肆虐時，你是否曾因為擔心染疫或罹病遭到隔離，而有了更多與外界隔絕的日子呢？你能試著回想看看當時的感受嗎？

當時身在臺灣的我們或許曾因為社會疏離感到些許身心不適，然而當時的英國卻確確實實經歷了「封城」所帶來的高壓與恐慌，倫敦南岸藝術中心所策辦的「郵寄藝術」計畫，即是在這場世紀大疫期間所推出相當具指標性的社會處方箋計畫，該中心也正是英國國家社會處方研究院的辦公所在地。

「郵寄藝術」計畫的核心目標是「透過藝術賦予人們創造性表達的能力，並能持續與周遭生活保持連結，進而降低

---

1. 〈文化照顧的力量：別忘了被主流遺忘的疫後復原者 英格蘭國家歌劇院的「呼吸社會處方箋」〉，周妮萱，2021年，華人熟齡生活產業發展協會。https://ppt.cc/fauwtx（瀏覽日期：2025/03/08）
2. https://ppt.cc/fZm9Yx（瀏覽日期：2025/03/08）

孤立疏離感」，並於 2020 年 5 月推出首波活動「郵寄藝術：家與希望」（Art by Post: Of Home and Hope）。顧名思義，此計畫藉由將內含引導說明的實體包裹郵寄給參與者，協助他們將創造力轉化為身心的韌性。

「郵寄藝術：家與希望」活動號召 17 位藝術家合作，共創作 12 本創意小冊子，內容皆發想自南岸中心的藝術收藏或藝術項目，每本冊子都會引導參與者完成一系列活動，讓創作成為陪伴他們度過疫情的能量。凡是尋求創意資源的個人或組織，包括護理人員、患有失智症或長期受健康不適影響的人，以及社會和醫療保健組織的從業和專業人員，都可以參與計畫。最終約有 4,500 人參與，參與者年齡介於 18～103 歲，總計發出超過 40,000 份包裹。

倫敦南岸藝術中心也在疫情趨緩時，邀請參與者寄回自己先前創作的作品，並在收集好來自全國各地的作品後策劃了實體展覽、線上展覽，後續更舉辦了全國巡迴展覽。

▶ 創造力是我們與生俱來的超能力

「郵寄藝術：家與希望」所帶來的出色成果和巨大力量，為推動「以藝術提升健康福祉」的理念打了一劑非常重要的強心針。因此 2023 年，倫敦南岸藝術中心再次與國家社

會處方研究院攜手推出「郵寄藝術：為我們的星球寫的詩」計畫（Art by Post: Poems for Our Planet），參與者會收到6本也是由藝術家合作共創的小冊子。此外，因為這次活動的主題聚焦在人們周遭的環境生態，因此也有生態環境工作者共同參與。

活動中透過每週不同的主題、進行方式及活動資訊分享，引導使用者以不具門檻的詩歌和藝術形式進行創作，希望能藉由創造力和自然環境提升使用者的健康福祉，同時也幫助使用者和周遭的世界建立連結，進而培養出同理心和關懷環境的能力。

> 「這樣的資源，讓人感覺到自己仍然存在。」
> ——「郵寄藝術：為我們的星球寫的詩」活動參與者

由於這次的活動也開放給英國以外的民眾以電子郵件的方式參與，我便把握這難得的機會報名參加了（某種程度上，我就是所謂的「自我轉介」的社會處方箋使用者）。

2023年4～6月期間，我總共收到6本線上小冊，每本小冊都有不同的主題、活動和與主題相呼應的詩詞，同時也會介紹設計該主題的藝術家，並提供相關可參與的線上活動。

收到電子郵件後,參與者可依照小冊裡面的引導進行觀察、創作、感知;雖然活動是以詩為主題,但透過小冊平易近人的引導,以及過程中不同感官或媒介的探索建議,讓人可以在無壓力且甚至帶著些許欣喜的感受中完成。6本小冊的主題分別是:

主題一:一起成長(Growing Together)
主題二:保持光亮(Still Light)
主題三:植物之生(Plant Life)
主題四:風中的話語(Words on the Wind)
主題五:根源與路徑(Roots & Routs)
主題六:通往大自然之路(Pathways to Nature)

值得一提的是,在收到第一封電子郵件時,主辦單位也運用這幾年我在臺灣常使用的華威愛丁堡健康福祉量表,鼓勵參與者先填寫進行前測,並在最後一封電子郵件中邀請參與者再次填寫進行後測(不過這項計畫採用的是7題短版,我在臺灣則多使用14題長版)。

此外,主辦單位也有附上「個人轉介評估表」、「其他轉介評估表」、「組織評估表」與「平等機會表」等表格,這麼做無非是希望透過參與者的回饋,讓每一個社會處方箋方案都能夠獲得更多的實證和意見累積,產生更深遠的

影響與效益。

> **Poems for Our Planet**
> National Academy for Social Prescribing
>
> Art by Post: Poems for Our Planet is delivered in partnership with the National Academy for Social Prescribing
> FIND OUT MORE
>
> **Hello,**
>
> We're back with our fifth booklet – *Roots & Routes* by artists Jess Thom and Amanda Thomson.
>
> If you've just joined Art by Post – welcome! Our physical booklets for *Poems for Our Planet* are now fully subscribed. If you haven't already signed up, we can no longer post you the booklets. However, you can still sign up to receive the digital versions, which you can print yourself if needed. The download links are at the bottom of this newsletter.
>
> Remember, we'd love to see how these booklets inspire people, so send us anything you'd like to share, as well as any ideas or feedback.

圖 3-2：每週都會收到「郵寄藝術」處方箋計畫的電子郵件與小冊／圖片來源：周妮萱

　　最後，主辦單位也鼓勵參與者透過索取 A4 尺寸的免費回郵信封，將創作的內容或其副本寄回倫敦南岸藝術中心。2023 年 7 月，中心再度規劃展覽、電影、演講、音樂，舉辦慶祝活動，展出參與者提交的珍貴作品，並邀請民眾共襄盛舉，同時也希望藉這樣的活動，傳遞如何透過創造力和激發與自然環境的連結來支持健康福祉的理念。

▶ 面向未來的挑戰與機遇

可以形成藝術處方箋的類型相當多元，且藝術參與的年齡層也相當廣泛，這些條件都使得藝術處方箋計畫的發展更具潛力。然而，多元的另一面就是混雜，也會造成「只要有藝術的元素，就可以成為藝術處方箋」的誤解。這樣的誤解完全忽略方案設計的重要性，更會限制藝術處方箋原本可以藉由扣連個體生命經驗，而為使用者帶來更深度影響的可能。

由於藝術處方箋的案例實在多不勝數，在此我們僅以上述實例及其核心概念幫助讀者夥伴對藝術處方箋有更具體的理解，建議若想發展藝術處方箋仍要融會貫通本書對於社會處方的核心描述。若你對藝術處方箋有興趣，也可以搜尋相關案例，相信絕對可以找到想要的資訊。如果還有任何疑問，也歡迎與我交流。

關於文化資產處方箋

做為一個臺南人,每當我有機會「進城」到「府城」,也就是臺灣建城的起點,總能感受到臺南「三步一寺廟、五步一古蹟」這樣的文化資產密集度。因此十多年前動身前往英國留學之前,我也懷抱著「住在家鄉,不能不知家鄉歷史文化」的心情,考取了臺南市的歷史文化導覽解說員資格。

當時的同學大多是四、五十歲以上的夥伴,課程結束後,有的人後來成為了解說員、解說志工,有的則是回到原來的職場或家庭,但不變的是,我們都同樣熱愛臺南和臺灣的文化資產,也偶爾會聚會,或若有朋友來,也會重操舊業為他們解說臺南。因此,當我看到英國提出文化資產處方箋所帶來的各種好處時,便再度真切的感受到它的效用。

英國做為文化資產保存與活化的標竿國家,再次發揮與時俱進的跨域協作能力,將之與社會處方結合,讓文化資產的價值從被動的古蹟、場域、園區,進化成促進健康福祉

的重要媒介。此外,他們的經驗也告訴我們,規劃文化資產處方箋時也可以「軟硬兼施」,將「志願服務」一併列入考量。英國社會處方研究院也建議想推動文化資產處方箋的組織,一定要先盤點自身擁有的資源及目標,並提出幾個或許可行的方案或活動:

- 邀請使用者參加與當地文化資產相關的活動,共同瞭解社區的歷史。
- 博物館可以鼓勵使用者做志工,或參加博物館策劃的文化資產活動。
- 設計路線邀請使用者來到歷史悠久的公園、花園或戶外環境,進行文化資產漫步。
- 邀請使用者參加當地的考古發掘。
- 鼓勵使用者參加生活記憶計畫或歷史俱樂部,將當地的人們加以連結。

根據英國國家社會處方研究院的介紹[3],文化資產是「認同感」的來源,當我們置身其中,便能與過去的歷史文化有所連結。尋找共同的歷史,並講述我們是誰以及我們來自何處,能建立「歸屬感」意識,實際改變我們面對社區環境時的感受,讓人感覺自己實實在在札根於所屬的社區

---

3. https://ppt.cc/f8j0Rx(瀏覽日期:2025/03/08)

和土地,並能提升每個人的身心福祉。

文化資產處方箋所引入的相關活動能提供使用者珍貴的支持途徑,甚至能幫助正在與寂寞、孤立、健康狀況不佳等問題奮戰的人建立信心、韌性與積極改變的力量。文化資產處方箋裡所包含的古蹟場域、藝術、音樂、創意表達等活動,可以帶來的好處有:

- 連結人們,並增加社交互動。
- 協助使用者養成更健康的習慣,並變得更活躍積極。
- 改善情緒、認知和感官處理,並減輕壓力。
- 促進許多不同層面的潛力,包括就業、技能培養、經濟發展、地區自信度和社會凝聚力等。
- 有助身心健康,亦能預防對醫療保健系統造成壓力的慢性病發生。

▶《文化資產與社會處方報告》

在認識文化資產處方箋的意義和益處後,我們也將進一步透過「歷史英格蘭」(Historic England)與 Desi Gradinarova 博士共同推出的《文化資產與社會處方報告》(*Heritage and Social Prescribing*[4])來感受文化社會資產處

---

4. https://ppt.cc/fLtZdx(瀏覽日期:2025/03/08)

方箋的核心精神與實踐可能。

2020 年，國家社會處方研究院與英國重要的文化資產組織「歷史英格蘭」建立合作關係，並於組織內設置歷史環境主管一職（Historic Environment Lead），主責發展具共融性的文化社會資產處方箋，並驗證接觸歷史環境所可能帶來的福祉益處。

在探索健康促進與社會福祉的旅程中，文化資產逐漸展現其做為療癒與提升社區凝聚力的重要潛力。這份報告深入探討文化資產如何融入社會處方策略，並且透過豐富的案例和實證研究，展現文化資產對個人健康及社會價值的深遠影響。

> 「文化資產是我們共有的記憶、共同的故事，它屬於所有人，也影響著所有人。或許我們都未意識到，在無形之中，歷史環境所承載的厚度與廣度，總能為我們的人生帶來靈感和力量。」
>
> ——「歷史英格蘭」福祉與共融高級政策顧問、NASP 歷史環境主管 Desi Gradinarova

文化資產的價值應當不侷限於歷史古蹟或文物的保存，而是須協助其與當代社會扣連，成為促進民眾身心健康

與福祉的重要媒介。報告顯示,參觀歷史遺址與博物館能幫助人們減少壓力和焦慮、提升幸福感。從國家資源的角度來看,這麼做也有助於降低醫療資源的使用,並每年為英國國民健康與醫療服務系統節省超過 1.93 億英鎊的支出。此外,文化資產還能促進群體認同和歸屬感,支持社會凝聚力。

報告中也透過多項案例,展示文化資產如何融入社會處方框架。例如英國約克地區的「考古處方箋」計畫（Archaeology on Prescription[5]）,於 2021 年秋季推出第一個試點計畫,並於一座建於 1970 年代的療養院遺址實施,主要使用者是經歷過各種成癮、心理健康挑戰,正走在復原路上的成人。使用者與考古學家、考古教育推廣者合作,透過 9 週的考古處方箋方案,改善參與者的健康和福祉。

> 「我以前對考古學或歷史不感興趣,但現在它們讓我著迷。」
> 「參與計畫的過程中,有一些很像冥想的魔力,會讓人非常專注於正在做的事情。」
> 「當你能夠看到自己挖出的東西,並瞭解它們是什麼時,真的很有趣。」
> ——「考古處方箋」使用者

---

5. https://ppt.cc/fhcQ9x（瀏覽日期：2025/03/08）

該計畫後續也開放全市更多的合作組織參與，特別是與青年健康福祉相關的組織，以及關注阿富汗和敘利亞難民的組織。此計畫的使用者在回饋時也表示，他們在參加活動後心理健康獲得明顯改善，並且與社會建立起更深刻的連結。

另外，報告中也提及名為「伍斯特生活故事」（Worcester Life Stories[6]）的文化資產數位平台，它提供伍斯特市的歷史地圖、照片和紀錄，同時也開放民眾上傳分享個人擁有的城市照片或資訊，協助參與者創造個人化的數位記憶書。

後來他們發現這個平台也能夠成為失智者與外界溝通的管道，因為部分失智者在語言和認知能力逐漸衰退的過程中，難以讓外界理解哪些感受、記憶對他們而言是重要的。對於失智者而言，他們可以透過這個平台集中自身的想法、照片、影像、音樂，並與他們的家人或照顧者分享；而失智者身旁的人則可以從中理解失智者想傳達的訊息和感受，增強其歸屬感，並提升照顧品質。

《文化資產與社會處方報告》除了列舉相關案例外，也歸納出文化資產處方箋全面促進使用者身心健康與福祉的六種核心方式：

---

6. https://ppt.cc/fWvbxx（瀏覽日期：2025/03/08）

1. **志願服務**：參與文化資產保護和活動，能提升使用者自尊與社交連結，特別是在疫情期間。
2. **體驗連結**：親臨歷史遺址或博物館，能促進情緒健康和社會連結。
3. **記憶分享**：分享歷史故事或文化經驗，能促進心理療癒和社會融合。
4. **療癒功能**：在遺址或景觀進行活動，能改善焦慮、抑鬱等心理狀況。
5. **歸屬感**：文化資產賦予個人和社區深刻的地方感和文化認同。
6. **自然與文化結合**：歷史公園和綠地的使用，提升了整體健康指標。

此外，報告也提到關於親近文化資產和歷史環境對身心福祉和情感的益處：

- 與文化資產產生連結，可以提高我們的認同感和歸屬感，並有助於緩解孤獨寂寞感。
- 參與文化資產活動，能促進腦部健康並增強記憶力。
- 探索文化資產和歷史，能夠提供令人興奮的探索之旅。
- 以過去為師並加以反思，可以為自身的未來提供洞察

力、韌性和靈感。
- 理解一個地方的過去及其歷史脈絡和意義，有助於我們與之建立連結，若該地為自身生活的土地，更能增強個人和地方的自信度。
- 文化資產的淵遠流長，讓我們感受到自己是這個廣闊歷史中的一部分，與我們的生命歷程發展息息相關、不可分割。

▶ 面向未來的挑戰與機遇

儘管文化資產與社會處方的整合成效顯著，其仍需面對如資金限制、認知不足和政策支援不均等挑戰。《文化資產與社會處方報告》建議，未來應加強跨部門合作，擴大文化資產處方箋活動覆蓋範圍，並強化數據收集、評估驗證其長期效益。

文化資產與社會處方的結合展現了如何運用創新思維，為當代社會提供突破性的健康促進模式，不僅提供療癒功能，也強化文化價值的意義。這份報告也為相關公共政策及實踐者提供結構指引，描繪一個透過文化資產處方箋重塑健康與社會福祉的未來願景。

關於圖書館處方箋

　　如果我請你想一處在你生活的地區中,能同時看到小朋友、國高中生、成年人、育兒父母、老年人,且可能也是你人生中無論任何階段都有機會接近文化藝術的場所,那會是哪裡呢?

　　這個地方可能不見得是戲院、博物館、美術館、文化中心或表演藝術中心,但離我們生活最近的「圖書館」或許是不二選擇。

　　圖書館可說是最貼近我們生活的社會型基礎設施之一,不只能陪伴我們從小到老,且從軟體到硬體皆能滿足我們不同階段的需求。現代社會中,圖書館正逐漸從傳統的知識保存角色,轉型為**公共健康**與**文化倡導**的重要據點,而社會處方的基本理念是將居民與社區服務和資源相連結(例如健身、園藝、藝術和閱讀活動),幫助人們克服心理挑戰或孤獨等問題。

社會處方強調透過非醫療方式改善社區居民的健康與福祉，圖書館正好能成為此一模式的核心夥伴，為促進個人健康和社會連結提供全新途徑。

在此背景下，圖書館的開放空間和多元功能成為實現此一理念的重要基礎；圖書館不僅

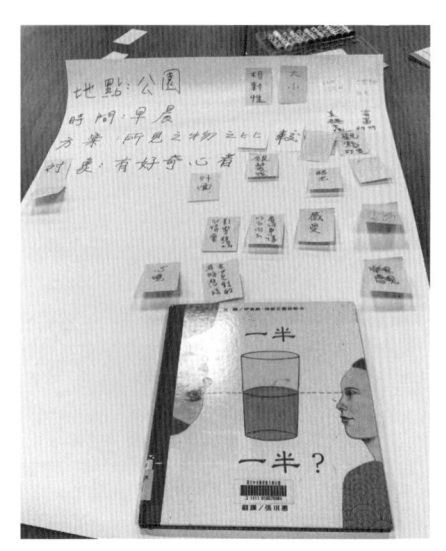

圖 3-3：本書作者在圖書館內帶領以館藏繪本做為平權主題討論的工作坊／圖片來源：國立臺灣圖書館

提供健康資訊和閱讀資源，還舉行如工作坊、藝術活動、手作課程和健康講座等文化活動，正好有助於全方位強化居民的健康。

▶ 希臘雅典漫畫圖書館：「處方箋圖書館」計畫

雅典漫畫圖書館（Athens Comics Library）的「處方箋圖書館」（Libraries on Prescription）是希臘第一個社會處方箋計畫，該計畫透過將圖書館打造成可提供安全互動且具療癒性活動的場域，提供一系列整合心理社會支持和創意

體驗的服務，讓人們得以分享與自身有關的心理疾病經驗，幫助使用者減少心理挑戰帶來的羞愧感、建立心理健康意識，同時提升社區的心理健康意識。該計畫的總體目標是：

1. 不論年齡、性別、社會經濟地位或教育程度，盡可能觸及並支持社區中的每一個人。
2. 創造關懷與照顧的文化。
3. 將圖書館打造成安全、熱情，並能親近、使用的環境（包含實體和虛擬）；讓圖書館能對所有人開放，並鼓勵人們參與活動、發揮創造力，相互學習和支持。
4. 讓有需要的人得以在圖書館安心聚會，並享受與圖書館共同設計的活動，滿足不同受眾的需求。
5. 讓圖書館成為「社區樞紐」（Community Hubs），提供在地基礎的健康支援服務，以多元且開闊的方式匯集不同合作夥伴的服務。
6. 協助地方政府及其合作夥伴實現策略目標，無論是提升社區凝聚力、健康福祉、經濟成長、促進獨立生活，或增加就業機會。

此計畫遵循上述目標，依下列六個指標進行方案整體設計：

1. 降低使用者的焦慮和社會疏離程度。

2. 為使用者增加醫療臨床方式以外的替代方案。

3. 增加使用者接受非正規教育的機會。

4. 重新利用空間以促進使用者福祉。

5. 改善使用者的社會連結。

6. 增加使用者的認知刺激。

　　該計畫的受眾包括受刑人、學習障礙者、老年婦女等面臨長期健康問題、複雜社會需求和心理健康挑戰者，主要執行地區為農村或弱勢社區。主責整體計畫的雅典漫畫圖書館聯繫全希臘 45 間圖書館，最終選定 4 間當地人口面臨較嚴峻心理健康挑戰的圖書館，從個別圖書館的特質和資源出發，共同設計專屬的創意活動，希望透過文化創意及健康福祉的跨部門合作，打造出具協作性、開放性、創新性和以人為本的社會處方系統。

　　這四間圖書館及其圖書館處方箋對應的目標使用者分別是：

負責圖書館	目標使用者
帕特雷大學圖書館	青少年、學生
雅典普賽奇科市立團結文化和體育組織公共圖書館	有學習困難者
拉普薩尼市立公共圖書館	希臘農村的老年婦女
克里特島監獄圖書館	監獄受刑人

雅典漫畫圖書館也經由這項計畫發起「庇護所圖書館」（Libraries of Sanctuary）網絡，由圖書館員、圖書館工作者、社區團體和閱讀愛好者協助進行經歷集體創傷（例如自然災害、貧窮、流離失所）的社區的「集體健康」和「集體治癒」工作。同時也與希臘難民週合作，為面臨心理健康挑戰的難民、移民和尋求庇護者，設計和提供「站立喜劇」（Stand Up Comedy）和說故事活動。

計畫的願景是希望能為希臘和歐洲各地的圖書館，打造一個為期12週的圖書館處方箋課程工具包，並有機會在全歐洲展開這項計畫，教育和倡導心理健康的重要。此計畫不僅能促成類似圖書館的文化藝術部門的相關發展，也能促使國家衛福及健康部門正視圖書館所具備的良好功能，以及圖書館處方箋用以提升人們健康福祉的龐大機會。[7]

▶「圖書館與社會處方」網路研討會

為了讓圖書館工作者，或來自志願、社區、慈善等組織的工作者，以及凡是對與圖書館建立社會處方合作夥伴

---

7. https://ppt.cc/fSwa5x（瀏覽日期：2025/03/08）

關係、如何運用圖書館促進藝術、健康和福祉感興趣者，能對社會處方與閱讀和圖書館有更好的運用想像，英國國家社會處方研究院於 2022 年舉辦了「圖書館與社會處方」（Libraries and Social Prescribing[8]）研討會。

在此為大家摘要講者談到的內容，我們可以透過各領域講者的分享，思考圖書館與社會處方的交互運用可能會是什麼模樣。同樣的，我們也可以從中感受到一些思路脈絡，進而思考如何進一步實踐。

一、〈公共圖書館與社會處方箋〉
——英格蘭斯塔福德郡圖書館發展經理 Sue Ball MBE

Sue Ball 介紹了斯塔福德郡圖書館如何做為社會處方的核心樞紐，提供支持健康與福祉的創新服務：

- **提供有創意的學習機會**：提供免費的書籍、音訊與數位資源，辦理閱讀推廣活動，策劃藝術、文化或工藝相關活動，協助人們更好的理解與管理自身健康。

- **提供專家推薦的健康資訊與指引給所有年齡層的人**：例如「好好讀書」（Reading Well）方案的建議書目是由健康機構認可，讓有不同需求的讀者都能從中獲取

---

8. https://ppt.cc/fOgCcx（瀏覽日期：2025/03/08）

與心理健康和長期健康管理相關的專業支持。此外，也會辦理類似「健康資訊週」等活動來支持走在復原之路上的讀者持續提升幸福感。

- **提供品質保證且有證據支持的服務框架**：例如可依據《英國國家健康與臨床卓越研究所指南》（*NICE Clinical Guidelines*[9]）設計書單與服務模式。
- **公共圖書館可以做為社區連結與支持中心**：辦理具社交性的活動，或提供志願服務的機會，為居民提供溫暖且無歧視的公共空間。

最後講者也分享了此計畫所帶來三個層面的影響：

- **個人**：90% 參與「好好讀書」方案的使用者提到，這個方案幫助他們更加瞭解自己的健康需求；其他如「韻腳對對」（Rhyme Times）活動則為身為母親的女性使用者帶來情緒和心理的正面影響。
- **健康與照顧系統**：89% 的健康專業工作者同意「好好讀書」方案支持並鼓勵人們在諮詢或門診以外的時間，主動理解吸收與自身狀況相關的更多資訊和知識。
- **社區組織**：84% 參與讀書會的成員認為加入讀書會，

---

9. https://ppt.cc/fkr0Nx（瀏覽日期：2025/03/08）

讓他們感到與他人產生更多連結。

二、〈Active Luton & Luton Libraries〉
——「活力盧頓」（Active Luton）計畫負責人 Graham Simpson 與 Mary Hearne Luton

此計畫由「繁榮社區」基金（Thriving Communities[10]）支持，藝術背景出身的兩位講者分享他們在盧頓地區與圖書館合作的內容：

- 此計畫主要提供「健康」（瑜伽、皮拉提斯、步行訓練）、「藝術」（馬賽克拼貼、玻璃彩繪、自然工藝、繪畫、偶戲製作、互動肖像畫）及「園藝」（植物蔬果保存、擔任苗圃志工）三類型活動，幫助居民提升生理與心理健康。
- 強調合作網絡的重要性，包括與圖書館、連結者、全科醫生和其他社區機構。
- 計畫的成功因素包含靈活的活動時間安排、目標社群的精準宣傳，以及疫情期間的適應性設計。

講者也展現了在推行方案前，瞭解其所面對的社區、

---

10. https://ppt.cc/fbeKgx（瀏覽日期：2025/03/08）

受眾、資源，以及更重要的「瞭解自己的角色和能力」，將會是非常重要的必修課，不能盲目推展方案。

三、〈Thriving Communities in Coventry: Tile Hill Library, Coventry Libraries〉
——「文化考文垂」（Culture Coventry）團隊成員 Rachel Marsden 與 Lisa Ford

此計畫也是由「繁榮社區」基金共同支持，團隊成員 Rachel Marsden 和 Lisa Ford 從整體視角告訴大家，他們於 2016～2024 年期間將文化藝術及運動體育與提升市民健康及福祉納入考文垂市整體市政計畫，並說明兩間圖書館如何聯合城市內的博物館及美術館，共同結合藝術文化活動設計社會處方箋方案，重點包括：

- 召募在地藝術家設計工作坊邀請民眾共同參與。
- 與社區機構的合作（如考文垂交通博物館和文化藝術信託），促進了更多創新服務的發展。
- 提供懷舊回憶活動，例如利用博物館所提供的可觸摸物件，讓 55 歲以上的居民回顧二戰、英國皇室和海邊假期等主題，幫助他們建立社會連結、改善心理健康。
- 透過各種互動參與的活動，例如「文化創意空間」，翻新圖書館外部自然環境，並舉辦手工和藝術工作

坊,為居民和圖書館創造更多交流機會。

另外,「為健康而讀」計畫(Reading for Health)創辦人兼作家 Ann Cleeves 也分享如何利用閱讀活動幫助民眾改善心理健康。他提到閱讀是一種強大的工具,可以減少人們的孤獨感並促進情緒健康,透過與圖書館合作,以閱讀為基礎的「為健康而讀」計畫能夠為受眾媒合適合的書籍資源,讓他們從中找到共鳴與支持;而各種得以發生在圖書館的文化活動(如作者分享會、讀書會、工作坊、電影放映會),也都能強化個人健康與社區互動。

▶《給公共圖書館的社會處方工具包》

在我們看了這麼多以藝術文化為媒介、圖書館為樞紐,令人振奮的可能之後,「三觀正確」一直是我在推動社會處方時所秉持的理念,但這裡的「正確」指的不是有標準答案或統一模組,而是能夠堅守正確的「核心精神」。

因此,我將介紹致力於推動提升全年齡層的閱讀與健康福祉的「英國閱讀協會」(The Reading Agency)和「好好閱讀」計畫(Reading Well[11])共同製作的《給公共圖書

---

11. https://ppt.cc/fcAAjx(瀏覽日期:2025/03/08)

館的社會處方工具包》(*Library Staff Social Prescribing Toolkit*[12])，希望能協助圖書館工作人員開發社會處方箋，並協助圖書館與連結者、在地夥伴共同合作。為大家整理工具包的重點內容如下：

一、公共圖書館做為社會處方的核心：重塑健康與福祉的公共角色

隨著現代社會對健康與福祉的需求日益增加，公共圖書館做為先前提到的第三方社會型基礎設施，在社會處方系統中絕對扮演著至關重要的角色。這份工具包強調了圖書館如何通過多樣化的資源、活動與服務，支持社區居民的心理健康、情感連結及生活品質，並為未來健康政策的推動提供關鍵參考。

二、社會處方的核心理念

社會處方有許多核心精神需要被貫徹在不同方案中，因此工具包也開宗明義點出，其所思考的社會處方精神是**以非醫療方式幫助個人改善健康與福祉，特別針對孤獨寂寞、心理健康問題及經濟壓力等非醫療性挑戰。**

經由建立全科醫生、健康顧問、志願部門及地方資源

---

12. https://ppt.cc/fc9wtx（瀏覽日期：2025/03/08）

的合作網絡，讓使用者得以參與社區資源，包括步行俱樂部、園藝活動及公共圖書館等，改善使用者的身心健康。統計顯示，接受社會處方的患者在 3～4 個月後，醫院就診次數顯著減少，顯示出這一模式的潛在有效性。

三、公共圖書館做為社會處方的樞紐

圖書館是社區的重要支柱，以**服務、活動和資訊**等形式提供一系列社區資產，有助於推動當地的社會處方服務。此外，由於並不是每個人都會向醫師或治療機構尋求幫助，因此圖書館有潛力成為社區社會處方的核心助力，透過實體和數位空間提供使用者：

- 社區連結和社會參與機會，包括團體活動和志願服務機會。
- 參與文化和促進創造力的機會。
- 專家認可的健康資訊、建議和服務。
- 喪親或臨終服務支援。
- 生活資訊基礎指引或推薦。

例如，「閱讀之友」（Reading Friends[13]）方案以閱讀為

---

13. https://ppt.cc/fkZuBx（瀏覽日期：2025/03/08）

媒介，鼓勵居民通過書籍或報紙的交流建立人際聯繫。「好好閱讀」方案也藉由專家推薦的健康書單，為焦慮症、憂鬱症及慢性病患者提供主題性的閱讀支持，顯著改善患者的心理健康和自信心。

▶ 圖書館的創新實踐：從文化到健康的多元支持

《給公共圖書館的社會處方工具包》中提到的多個案例，說明了圖書館處方箋如何在實踐中產生深遠影響。例如，威爾斯的一位使用者在疫情封城期間因焦慮問題接受了連結者協助，藉由圖書館提供的「好好閱讀」書單進行自我療癒，不僅改善了心理狀況，還重新投入社會活動。這表明，社會處方不僅提供直接支持，還可通過資源引導，促進使用者的長期健康與福祉。

雷德布里奇地區的圖書館則推出「來世門票」計畫（Tickets to the Afterlife[14]），將圖書館當做「積極探索死亡」（death positive）的空間，經由圖書館的書籍、創意活動、工作坊和社交活動，以容易被埋解、具安全感的方式讓公眾更深入的參與和死亡及臨終相關的議題，包含引導參與者思

---

14. https://ppt.cc/fH9nzx（瀏覽日期：2025/03/08）

考離世之後關於自己的身體、記憶，以及所留下的東西等問題。

「來世門票」也是一種受疫情影響從實體轉為數位的體驗，它以文學閱讀為出發點，讀者在連結到圖書館線上目錄後，就能自動預訂圖書館向他們推薦的書籍。計畫團隊也在過程中調查人們對死亡的態度是否會受到居住地或（和）文化背景影響，並與英格蘭其他地區的圖書館同儕分享調查結果與資源。此計畫也榮獲 2021 年英國圖書館連結健康與福祉大獎（Libraries Connected Health & Wellbeing Award）。

工具包也分享，一些英國圖書館如何在疫情期間迅速調整策略，持續服務社區。例如，數位活動資源中心的「LibrariesFromHome[15]」計畫，透過線上活動與資源，幫助社會疏離或孤立無援的人群保持聯繫。此外，針對癌症患者的專門支持項目，例如拉納克郡的癌症支援服務，展示了圖書館在提供情感支持、實際協助及健康教育方面的廣泛潛力。

工具包也呼籲，公共圖書館應加強與劇院、博物館、美術館及健康機構等地方組織合作，形成更緊密的社區網

---

15. https://ppt.cc/f8Ehqx（瀏覽日期：2025/03/08）

絡，並透過英國國家社會處方研究院的支持提升資金籌措能力，擴大圖書館處方箋的影響範圍。英國國家社會處方研究院也強調，**圖書館應發揮其從文化倡導到醫療指引的多元角色，全面參與社區健康福祉的建設及推動。**

▶ 面向未來的挑戰與機遇

雖然社會處方和圖書館合作的模式已有顯著成效，但工具包同時提到了一些挑戰，例如對社會處方、連結者、推薦機構、資源盤點和相關教育推廣方法的認知不足，可能限制圖書館工作人員思考推廣的模式。

對此，工具包建議可加強各方之間的合作與宣傳，並針對環境變化設計更靈活的活動計畫，也建議應持續將圖書館放在地方健康政策的核心，通過更多的社會處方箋活動深化其社區影響力，同時**鼓勵將參與者轉化為志願者，讓他們成為社區服務的活躍力量。**

這份工具包顯示了圖書館提升社會健康福祉的潛力，圖書館經由**促進文化參與、加強社區連結與提供專業資源**，不僅改變了居民的生活，也成為解決現代健康挑戰的重要力量。隨著社會處方服務的推廣，圖書館的角色將愈形重要，為健康與文化的交匯提供嶄新機遇。

除了公共圖書館，近年來在臺灣也開始出現民間私人營運的圖書館，或是長久以來與圖書館有類似功能的獨立書店，由地方政府營運的臺南市立圖書館甚至更邀請在地獨立書店駐館開店，達到彼此相輔相成的效果，為公共健康與文化推廣提供了新的藍圖。

　　透過創新的社會處方模式，圖書館不僅能促進個人健康，更能深化社區連結。此一模式的成功顯示，在應對現代社會健康挑戰的過程中，圖書館可以成為真正的社區支柱，讓更多人享受文化與健康的雙重益處。

我的觀察

★ 藝術文化處方箋是所有社會處方類型中涵容度最廣的，且若以硬體場域設施來看，也是可親近性極高的。最重要的是，藝術文化處方箋也最有機會為使用者帶來心理、情感和行為等層面的影響，因此建議設計相關社會處方箋的夥伴，不妨將藝術文化處方箋列入思考。

★ 「藝術文化處方箋」會辦活動，但辦活動並不等於就是藝術文化處方箋。因此，要推出藝術文化處方箋的夥伴，請務必理解自身整體的需求、目標、受眾和預期效益，**讓社會處方歸社會處方、推廣活動歸推廣活動**，各自到達期待前往的地方。

Chapter 4

博物館處方箋

【處方形式】

- 發生場域以博物館的「展覽」、「活動」、「場域」(包含場館內、外的園區,或附屬公園、綠地、水域等)為主。
- 博物館將原有教育推廣方案深化發展成社會處方箋計畫,有自行開發,也有與外部教育推廣專業者共同策劃,並由博物館主動招募參與者。
- 醫療門診鼓勵病友前往博物館參觀,亦有透過經費開立場館門票讓病友或家屬前往參觀的形式。

關於博物館處方箋

　　首先要向讀者們說明的是，由於博物館處方箋的英文是「Museum on Prescription」，考量 museum 一詞在臺灣同時適用於「博物館」及「美術館」，為求文字簡潔，接下來行文時將使用「博物館」一詞，除非需要特別強調特定場館的美術性，才會以「美術館」替換。

▶ 博物館的潛在功能：加深人際連結

　　相較於其他社會處方箋，博物館處方箋的發展相對成熟，推動體系也較為完整。這是因為博物館界在指標性組織國際博物館協會（International Council of Museums, ICOM）的倡導下，相當早期就開始倡議如文化平權、文化近用等概念，以便讓人們平等的接近博物館及文化藝術。近年來，英國更將「提升幸福感」列入博物館、美術館等文

化機構的重要經營指標[1]。

那麼，**博物館處方箋只是發送免費門票嗎？光是參觀博物館就能得到幸福嗎？**當然不是的。

我想分享一個 2020 年我擔任國立臺灣文學館的「失智友善資源箱暨博物館社會處方箋」計畫主持人時的經驗。當時我們和一群失智夥伴共度了 8 週的博物館旅程，其中一位夥伴麗淑（化名）初次來到博物館時，常皺著眉頭小心翼翼的觀察環境，右手則無時無刻捏著抗焦慮用的小沙袋。無論是參觀展覽或進行創作交流，麗淑總是小沙袋不離手，因此在進行特別需要透過雙手創作的活動時，他的參與意願就會降低，或是直接放棄參與。

為了提供參與者穩定感和信任感，在計畫執行期間，我們為每位失智夥伴都安排了一位固定的工作同仁陪伴。經過 8 週的活動後，負責陪伴麗淑的同仁貴姍驚喜的發現，麗淑在參與工作坊期間已會多次放下小沙袋，即便他很快又會再拿回來。這是我們首次在活動中觀察到這樣的情況。

某日活動結束後，貴姍發現麗淑將小沙袋忘在桌上，趕緊拿到門口交還給他時，麗淑竟驚訝的說：「啊，我居然

---

1. 〈來博物館找幸福！英國文資機構將「幸福感」視為重要經營指標〉，王惇蕙，2024 年，《博物之島新訊》。https://ppt.cc/fDsDax（瀏覽日期：2025/03/08）

忘了拿啊！」長期以來需要小沙袋相伴的麗淑，心中的焦慮似乎已在這趟旅程中逐漸消散。這個現象大大激勵了參與的每一位團隊夥伴。

我想透過這個故事讓讀者夥伴們瞭解，博物館之所以能成為促進幸福感的場所，甚至發展出博物館處方箋，**關鍵就在「連結」的程度。**

圖 4-1：深度型的社會處方箋方案計畫能建立完善的信任感／照片提供：國立臺灣文學館與力果文化

▶ 博物館處方箋的重要推手：教育推廣專業者

無論國內外，基於博物館的公共性和社會性，參觀藝文場館或展覽的費用比起純商業活動通常較為合理，更別提還有許多場館都是免費參觀。

然而如果只是單純的參觀，並無法達到社會處方所強調的「促進體驗累積和社交連結」功效。此時，最有機會發揮上述功能的人，就是場館內與民眾直接共事的「教育推廣」專業者了。

　　我認為，**社會處方的興起，成了教育推廣專業需要受到尊重的重要推力，同時也是檢視藝文場館是否有能力推出更具社會影響力計畫的一面鏡子。**

　　過去，多數教育推廣偏重「活動化」，追求的是人數、人次、觀看數等量化型指標。然而，社會處方看重的是能產生深度影響力的「方案化」，這就取決於教育推廣專業者或外部專家的深度方案設計能力了。

　　此外，由於社會處方箋的參與人數較少，最終成果也多以質性內容呈現，倘若這些質性的成果無法受到主管機關或外界重視，就可惜了許多潛藏其中令人振奮的美好成果了。

博物館處方箋的發展

目前加拿大、英國、美國,乃至部分歐洲國家,都開始推動博物館處方,不過各國深化的程度也不盡相同。

2018年加拿大蒙特婁美術館(Montreal Museum of Fine Arts, MMFA)與加拿大法語區醫生公會(Francophone Association of Doctors, MFdC)合作,協助蒙特婁地區的精神科、腫瘤科、內科等醫師開立「博物館處方箋」,讓病患及其親友能免費參觀蒙特婁美術館。[2]

2021年新冠疫情逐漸消退時,比利時布魯塞爾市政府也與精神科醫師合作,讓取得處方箋的患者可以免費參觀市內的歷史博物館、當代藝術中心,以及時尚和蕾絲美術館。[3] 參與該計畫的醫師也提到,博物館處方箋或許也適合

---

2. 〈有病就來美術館!加拿大醫界「藝術處方箋」的跨界實驗〉,2018年,轉角國際。https://ppt.cc/fvgitx(瀏覽日期:2025/03/08)

3. Jennifer Rankin. (2022). Museums on prescription: Brussels tests cultural visits to treat anxiety, *The Guardian*. https://ppt.cc/fC9AFx(瀏覽日期:2025/03/08)

患有憂鬱症、焦慮症、自閉症譜系障礙、精神病和雙相情感障礙者。

> 「任何東西只要能幫助人們獲得良好的感覺，並與自己保持連結，就可能具有治療價值。」
> ——布魯塞爾博物館處方箋計畫參與醫師

不過無論是加拿大或比利時，甚至是臺灣，對於博物館處方箋的思考多仍停留在開立免費門票給患者使用。然而，這樣的做法與社會處方箋所強調的「方案」仍有區別，更難以評估單純參觀實際能帶給使用者何種影響。因此，我還是希望讀者能瞭解英國的具體做法，這也是我在臺灣與夥伴們推動社會處方時所堅持推廣的。

英國博物館處方箋的高齡者參與

2014～2017年間，英國倫敦大學、坎特伯雷基督教會大學，與倫敦市及肯特郡共7間博物館合作，執行為期3年的「博物館處方箋」（Museums on Prescription[4]）計畫。該

---

4. https://ppt.cc/fDub1x（瀏覽日期：2025/03/08）

計畫透過地方政府的社會關懷和心理健康服務單位以及第三方組織,轉介 115 名有寂寞與社會疏離情況的高齡者,參與為期 10 週的活動。

此計畫共分兩階段,第一階段旨在檢視當時英國社會處方箋計畫的整體執行狀況,第二階段則以博物館為核心場域,為年長者設計並實施博物館處方箋計畫,深入探索藝文參與對於長者福祉的影響。

英國的這項計畫可說是博物館處方箋系統化的里程碑,甚至在計畫結束後彙整出《博物館處方箋:如何與年長者共事》(*Museums On Prescription: A Guide to Working with Older People*[5]),為對博物館處方箋感興趣的專業人士提供具體的指導與建議,並深入探討以下核心問題:

1. 成功的博物館處方箋關鍵要素為何?
2. 實施博物館處方箋計畫的成本和效益為何?
3. 博物館處方箋計畫對於年長者的寂寞、社會疏離在心理和主觀幸福感的價值和影響為何?
4. 博物館處方箋計畫對於在城市環境(倫敦市中心)及地區環境(肯特郡)的利害關係人(包含博物館工作者、健康或社會保健服務提供者、第三方組織),各

---

5. https://ppt.cc/fAU1wx(瀏覽日期:2025/03/08)

有什麼不同的影響和價值取向？
5. 與大型博物館相比，小型博物館的處方箋計畫之價值和影響？
6. 本項計畫的處方模式能否運用在其他博物館？
7. 是否能夠建立標準化的博物館處方箋模式？

> 「凡能激發且尊重個體價值的創意場域，就是最適合學習變老的好場域。」
> ——摘自《博物館處方箋：如何與年長者共事》

然而，值得注意的是，即便在許多非社會處方箋的方案中，也普遍存在一種將中高齡者視為體力衰弱、思想僵化且缺乏創造力的群體的刻板印象。這種偏見往往導致方案設計過於死板、侷限，甚至出現將中高齡者視為幼童的情況。這樣的做法不僅忽略了中高齡者的潛能與經驗，更可能阻礙他們積極參與方案，並從中真正獲益。

為了避免上述情況發生，此份指引也提醒相關組織未來在執行任何針對中高齡者的社會處方箋方案時，應謹記以下六個核心觀念與原則：

1. 建立跨世代共融的機會。
2. 正視年長族群的多元化，同時促成世代交流。

3. 讓年長者有維持正常生活的權利,並且提供多樣的選擇。
4. 變老不等於一味懷舊,應提供參與者創造未來的權利。
5. 塑造讓參與者渴望且激勵人心的活動項目及氛圍。
6. 正視個人需求和企圖心;每個人都有自己的聲音。

儘管此計畫的主要服務對象是年長者,但其所細膩考量的各個面向,如活動場地的空間規劃、時間的彈性分配,以及引導參與者互動的話語技巧等,都可做為所有藝文場館在設計促進健康福祉與社會共融計畫時的重要參考。事實上,無論方案服務的對象為何,我們都可以從這份指引中擷取通用的核心原則,並有效的應用於實務工作中。

▶ 博物館處方箋的設計思考

《博物館處方箋:如何與年長者共事》中也提醒,方案設計者在設計博物館處方箋時,應從以下四個層面進行思考:

一、博物館該做何種準備

盡可能事先確認使用者的年齡、健康狀態、文化背景

與生活型態等訊息。也可以聯繫如日照中心、社區據點、老年慈善團體等在地組織，找到潛在的合作對象或使用者。

二、發展專屬的博物館處方箋

在確認計畫欲迎接的使用者有何種需求時，務必同步深入評估場館在軟硬體等各方面的資源，以確保能設計出與之相稱的方案細節。例如，考量持續性是社會處方箋的重要特質，建議計畫期程可規劃在 6 ～ 10 週，大約每週一次，每次參與時間設定在 90 分鐘～ 2 小時。理想上，活動的間隔時間最好不要超過 2 週，並且固定於每週同一天、同時段舉行，舉辦地點也盡可能維持一致，以建立參與者的習慣與安全感。

除了穩定的流程設計外，更多的設計細節建議可參考我的前作《創齡學：長大變老的終身必修課》中，關於以服務設計為核心的設計方法章節。

三、創造促進民眾參與的凝聚力

對使用者而言，感受到環境的歡迎與接納至關重要。因此，除了細緻的活動服務設計，整體方案更應致力於營造一個安全、友善且具歸屬感的環境，讓參與者樂於投入活動，建立新的社會連結。

根據我的經驗，扮演凝聚群眾關鍵角色的通常是藝文場館中的教育推廣工作者，他們不僅是方案設計者，更是有力的活動促進者。

活動促進者所營造的放鬆、自在、友善氛圍，也有助於執行團隊與使用者建立信任關係。當團體動力良好時，使用者甚至能成為協助促進團體發展的重要夥伴。賦權使用者共同參與和創造，也是提升凝聚力的重要元素。

四、評估整體成效

當藝文場館成為提供具參與性和創意性活動的重要平台時，藝文組織與健康、社會照顧等單位的跨領域協作，將有助於發展促進健康福祉和社會共融的計畫。

然而，此跨領域協作必須建立在能夠展現方案實質「成效」的證據基礎上，如此才能獲得合作夥伴的持續支持、爭取更多資源，並證明社會處方箋在促進健康福祉和社會共融方面的價值。因此，計畫團隊在設計方案時應同時規劃質性與量化的研究方法，以系統性的評估並呈現方案的多元影響。

▶ 在地實踐：國家兩廳院表演藝術社會處方箋先驅計畫

本章雖以博物館或美術館為題，但如同先前所述，社

會處方箋的相關原則與心法可擴大應用至不同類型的藝文場館，進行客製化的運用。例如，我就曾將上述英國經驗，應用於協助國家兩廳院設計並推動「表演藝術社會處方箋先驅計畫」[6]。

　　這項為期兩年的計畫之所以能夠順利推行並展現鼓舞人心的成果，同樣歸功於兩廳院同仁們的大力支持，使我得以建立完整的計畫團隊，共同進行從內容規劃、課程引導、觀察記錄到研究評估等各個環節的工作。

　　當時，為了更精準回應社會需求，我們將招募對象鎖定在「55歲以上具有潛在寂寞與社會疏離感受的中高齡夥伴」。

　　此計畫邀請了舞蹈藝術家方秀慈、聲音藝術家鄭琬蒨、戲劇治療師柳冠竹等人擔任引導者，共同策劃「舞蹈處方箋」、「聆聽處方箋」及「戲劇處方箋」三個各具特色的方案。第一年時，三個方案的進行期程為5週，第二年則根據第一年的經驗回饋與評估拉長為9週，並且在場域運用、內容設計及參與者體驗上進行了更全面的優化與提升。

　　當時在做量化研究時，我在前、後評測階段同時採用了英國廣泛使用的「華威愛丁堡健康福祉量表」，以及臺灣

---

6. https://ppt.cc/ffOLHx（瀏覽日期：2025/03/08）

較為熟悉的「老年憂鬱症量表」（Geriatric Depression Scale, GDS-15[7]），並邀請輔仁大學心理學系黃揚名副教授一同為臺灣中高齡者的需求和習慣，以及整體計畫的達成度，進行全面的評估與專業統計分析。值得一提的是，在第二年的評測中，黃教授更加入了心理學的判斷實驗，以期獲得更深入的數據洞察。

在質性研究方面，我們鼓勵參與者在每次活動結束後記錄自己的參與經驗與真實感受，這種類似「回家作業」的做法，不僅能協助我們深入瞭解參與者的內在變化，也能促進參與者在日常生活中持續進行覺察與反思。

從最終的評估結果來看，無論「從量化、質性的指標上，該計畫都對參與者有明顯的助益，包括憂鬱傾向的下降、心理健康福祉的提升，以及對於生活的態度趨於積極」[8]。

這項以表演藝術為媒介的社會處方箋計畫，充分展現了社會處方「以人為本」、「創意性」與「持續性」，以及「人與人之間」、「人與計畫之間」、「人與環境之間」的質性與量化研究方法，我們也得以驗證並呈現表演藝術在促進

---

7. https://ppt.cc/fIhs4x（瀏覽日期：2025/03/08）
8. https://ppt.cc/f1itdx（瀏覽日期：2025/03/08）

社會共融和心理健康方面的積極影響。這也再次印證了跨領域協作的重要性,透過藝文組織與心理學等專業領域的合作,能夠更全面且深入的評估社會處方箋的成效。

圖說 4-2:聆聽處方箋課程設計,讓參與者得以透過收音設備採集生活周遭的特殊聲音╱照片提供:國家兩廳院,蔡耀徵攝影

面向未來的挑戰與機遇

臺灣由於較早推動文化平權，使得博物館、美術館、表演藝術場館等藝文場館，確實相對早期便具備了全人思維的發展基礎。而在文化近用觀念的推行之下，這類國家組織也開始正視「教育推廣」的重要性，使得臺灣的藝文場館在施行社會處方箋計畫上擁有絕佳的先發優勢。

綜合上述種種條件，這類藝文場館在設計博物館處方箋方案時，通常也擁有最豐富的資源，其中也包括在第一線直接接觸民眾的教育推廣者。

由於社會處方箋計畫通常以「健康福祉」為主要設計取向，藝文場館若要推行社會處方箋計畫，必定需要與不同領域的專業夥伴共同合作。然而無論是何種藝文場館，在執行方案前，都必須做到「**確認受眾**」、「**設定目標**」及「**盤點資源**」等核心思考。唯有場館能明確理解自身的期待和能力範圍，方能開始組建團隊，朝向目標邁進。

不過需注意的是，社會處方箋計畫與演唱會、大型表演這類追求大量人次的活動不同，若機關高層、民意代表或社會輿論對社會處方有所誤解，仍以「參與人次」做為評估所有方案的標準，並將此壓力和誤解加諸於場館內有心推動社會處方的工作者，如此將偏離社會處方「以使用者為中心」的個別化照顧理念，因為社會處方更重視的是能否以「系統性」的視野思考來設計整體方案或計畫，以及方案結束後能否持續為使用者帶來影響。

我在向教育工作者推廣社會處方時，常一再提醒：「社會處方是跨域的協作，我們都是自身領域的專家。」無論是受到整體組織的策略，或是長久以來大環境的影響，我都要再次呼籲藝文場館的教育推廣者切勿輕忽自身的專業價值，以免在與醫療衛福單位共同推動社會處方箋計畫時，產生不必要的自卑情結。

此外，若是大眾都能拋開「社會處方箋只有醫師才能開立」這樣的錯誤觀念，那麼臺灣在推動博物館處方箋時，便能實現「保持多元專業、共創良好方案」的願景。

我的觀察

★ 做為一個社會處方專業工作者,培力合適的團隊並不難,最挑戰的地方在於如何與沒有教育推廣專業,或不在意專業但卻擁有決策權或會影響計畫關鍵執行的人溝通。這往往取決於組織中是否有「賦權給專業者」的工作意識和氛圍。

★ 目前國內以社會處方箋為名的博物館活動,多數仍停留在提供免費門票的思維。然而,我們須思考的是「免費參觀,然後呢?」。在此應導入「社會處方箋方案設計」概念,強化使用者的參與經驗,真正達成社會處方所期待的**系統性策劃、個體生命深化**。

Chapter 5

志工處方箋

【處方形式】
- 使用者透過加入有興趣的志工團隊,不僅能在擔任志工期間學習新知,也能透過志願服務為自己建立自信和價值感,此外往往也能產生對特定組織及其同儕之歸屬感。
- 提供志工處方箋的組織單位也可以思考為志工提供系統性的課程、研習、活動,並且關注志工在參與服務或融入組織時的身心健康變化。

關於志工處方箋

為了讓現有的志願服務能與社會處方接軌，英國「皇家志願服務」（Royal Voluntary Service）曾於 2022 年發布了《透過志願服務實現福祉的七個步驟：如何與社會處方連結》指南（*7 Steps to Wellbeing through Volunteering: How to Link to Social Prescribing*[1]）。該指南旨在協助有志工編制的組織，理解導入社會處方設計的志工系統和一般志願服務的差異，並採用新的思維和方法，確保志工的健康和福祉也能透過引入社會處方，帶來實質的「志工處方箋」力量。

志願服務所帶來的社會參與、知識學習和人際互動等益處，其實與其他社會處方箋相似，只是志願服務大多奠基於使用者在選擇組織時，多半是因為**該組織與自身的興趣、使命相符**而投身其中，並為使用者帶來更多使用社會處方

---

1. https://ppt.cc/fckt0x（瀏覽日期：2025/03/08）

箋的動力。這也是我們將志工處方箋視為社會處方發展的重要類型的原因。

此外,指南中也有提到「服用」志工處方箋的益處:

- 從事志願服務能改善健康、增加幸福感、緩解憂鬱和焦慮。
- 老年人、失業者以及長期健康不佳和幸福感低落者若從事志願服務,從中獲得的益處會高於其他族群。
- 志願服務所帶來的整體益處,對於正經歷喪親、退休等人生轉變者也具有緩衝作用。
- 許多志工都表示投入志願服務後不再那麼寂寞,並且感覺自己的身體健康狀況更好。

然而,上述提到能從志願服務中獲益最多的人,常因為缺乏機會而面臨參與障礙,尤其對健康狀況不佳、身心障礙者及低收入者而言更是如此。

此外,也不是各種志工類別當好當滿就能永保安康。指南中也指出,只有良好的志願服務體驗才能帶來幸福感,若因為在過程中疲於奔命而感到精疲力竭,或覺得在團體中不受重視,反而會對健康造成威脅。

志工處方箋的七個設計原則

除了前述種種益處與注意事項,《透過志願服務的七個步驟:如何與社會處方連結》中也很佛心的為經營志願組織的夥伴整理出七個設計原則和建議,協助他們將志願服務轉化為志工處方箋,進而促進志工健康。

由於這份指南含括了「為什麼這個原則很重要?」、「你(組織)可以做什麼?」這兩個討論項目,並且在當中提供了清楚易懂的指引,因此我會將這部分內容的重點摘要出來,同時也融入自己在臺灣培訓志工的經驗,以及我對志工現場的理解,給設計志工處方箋的夥伴參考。

▶ 原則一:瞭解志工們的生命經驗

當志願服務被納入社會處方的施行途徑時,**必須留意每一位志工的背景來歷和生命經驗皆有獨特的個體差異**。

志願服務雖然並非唯一的社會處方箋類型,但經過設

計且運作良好的志願服務環境，能為使用者帶來更多的社會連結、歸屬感，並提供發揮才能、學習承擔責任，或創造生活經驗的機會。

然而，也必須理解並非每個人隨時都適合使用志工處方箋，例如當人們正處於高度不確定、脆弱、缺乏信心，或需要大量情感支持的情況時，可能並不適合從事志願服務。因此，連結者或方案提供者需與使用者充分討論，方能決定使用者是否適用此處方箋。

> **為什麼這個原則很重要：**

- 人們可能會透過多種不同途徑，例如經由連結者、社區資訊或是主動搜尋，接觸到志願服務組織，因此對從事志願服務的認知和態度可能不盡相同。

  有些人可能很清楚自己為何而來，有些人可能單純只是經人介紹；有的人可能原先就對該組織提供的服務充滿熱情，對自己的能力也有一定信心，但有的人並不確定自己想要的到底是什麼，也可能還在摸索當中。

- 志願服務可能不在某些人提升自身健康的考慮範圍內，他們可能還有其他更緊迫的需求。即便良好的志願服務有助於提升個人身心健康及幸福感，組織仍需根據志工的狀態以及時代與社會的需求，進行相應的調整。

組織可以做什麼：

- 當人們不確定是否要參與志願服務時，尤其是覺得自己沒有經驗，或因健康、行動不便、時間或收入等因素而感到猶豫時，志願組織可以先想好如何降低人們參與志願服務的門檻，以及如何讓參與者獲得更多的成就感。
- 確保志願服務的類型和頻率符合人們的步伐，並且隨著人們參與的信心提升，志願服務的內容也應當可以不斷蛻變、適應社會變遷。
- 志願服務系統也應當保持靈活性，因為這可能是讓有複雜情況或不同考量的人們願意進來參與的關鍵。
- 瞭解組織所在地區是否有其他志願服務單位可提供更多值得學習的資源，或良好的環境及組織氛圍，以便轉介給志工夥伴，幫助他們吸收多元新知、充實自我。

原則二：打造個人化的志工處方箋

社會處方箋是一種以人為本的健康促進方法，它能幫助使用者從全方位的角度審視個人生活中的各種情況，進而幫助他們提升生活安適感，或滿足自我內在需求。建議可將這種方法應用於志願服務中，以確保組織所提供的志

願服務內容能契合潛在參與者的生命經驗、動機和潛力。

有了這樣的認知，下一步便是採用社會處方連結者和使用者會談時也會使用的關鍵提問──「對你而言，什麼是重要的？」，藉此引導使用者分享與討論其生活經歷與需求，進而瞭解他們內心真正的渴望，並將其優勢或專長融入志願服務的內容設計或流程中。

> **為什麼這個原則很重要：**

- 生活中的每個事件都會對我們產生獨特的影響，且這些影響也會隨著時間推移而變化。因此，瞭解個人完整的生命經驗對志工處方箋能否奏效至關重要。
  然而，這正是臺灣較不擅長之處，因為我們較少關注個體的整體生命經驗、需求和期待，並給予充分傾聽。這部分也是在臺灣推動志工處方箋時尤須留意的重點。
- 英國在施行社會處方箋時，連結者會與使用者共同制定個人計畫，其內容涵蓋目標以及達成目標的方法。因此，志願組織可藉此瞭解志願服務如何融入該計畫，確保服務內容能支持參與者的生活目標。
  雖然目前臺灣缺乏「連結者」的角色，負責志工招募的組織成員仍可考慮將此概念納入招募面談，或其他能更深入瞭解參與者的流程中。

- 每個人投入志願服務的動機可能不盡相同，例如想培養技能、結交新朋友、讓生活更有規律或更加活躍。然而，每個人參加的動機可能會隨著時間改變，這表示志願組織也需適時和參與志工一同審視「對我而言，什麼是重要的？」這件事。當人們感覺更好時，他們的動機、精力和信心也會隨之增強。

> **組織可以做什麼：**

- 持續與使用者進行「對你而言，什麼是重要的」的對話，以便隨時掌握使用者的生活近況，並據此調整提供內容。
- 部分使用者可能需要額外的支援才能參與志願服務，組織應仔細規劃方案內容並提供相關資源。
- 定期盤點相關資源，並思考如何與當地其他組織建立合作關係。

原則三：把幸福放在心上

　　從事志願服務與幸福感息息相關，特別是對幸福感較低落者更能帶來正向影響。若人們有興趣參與志願服務，志願服務將能成為功能多元的社會處方箋。

為什麼這個原則很重要：

- 精心設計的志願服務有助緩解憂鬱和焦慮、提升幸福感，尤其對慢性病患或幸福感較低落者助益良多。
- 志願服務對於正經歷喪親或退休等人生轉變者，也具有緩衝作用。
- 如同藝術、運動、親近自然等其他社會處方箋，妥善設計的志願服務也有機會提升人們的幸福感。當使用者從中感受到支持和益處且行有餘力時，常會更願意「有所貢獻」，此時加入志願組織，往往能為組織帶來更大的助力。
- 強調志工處方箋有助提升幸福感，常是資源得以永續的關鍵，能使贊助者或上級主管給予志工處方箋方案更多的肯定和支持。

組織可以做什麼：

- 正視並善加運用志願服務促進幸福感的特質，透過賦予人們目標和意義、創造具備共同價值觀的歸屬感，並提供學習或分享技能的機會，同時促進其社會連結。
- 隨著不同世代或個體界定幸福感的看法有所變化，組織應彈性調整志願服務內容。對於更有自信、意願承擔挑

戰的志工，或因健康狀況變化或有時間彈性需求的志工，組織應預先關注並提供相應支持。
- ◆ 特別留意並積極接觸那些最能從志願服務中獲益的群體，例如慢性病患、健康狀況不佳者，或低收入者，他們往往較難有機會接觸到相關資訊，並理解其益處。因此，組織應思考如何以實際可行的方式支持他們參與活動，並維持其穩定的參與。
- ◆ 在規劃並執行志工業務時，應清楚闡述良好的志願服務內容設計如何正面影響志工們的幸福感，這將是爭取持續支持或經費挹注以確保方案永續性的關鍵。

原則四：建立支持圈

　　能否為志工帶來並延續投入志願服務的幸福感，有賴個人與組織的共同努力及相互支持。這代表組織必須瞭解自身在為員工和志工培養幸福感上做了哪些準備，並清楚知道何時應尋求連結者或在地合作夥伴的協助和支持。

為什麼這個原則很重要：

- ◆ 人們的狀況複雜多樣，使用者可能需要來自健康照護、社會關懷、鄰里朋友、服務單位及社區團體等多方面的

支持。

◆ 透過志工處方箋投入志願服務的志工，可能比一般志工更需要多元的支持與資源協助，且可能需要連結者提供額外的關懷，因此志工業務主責者應能理解並給予支持。

◆ 不僅新進志工需要支持，組織員工、現有志工及志工業務主責者都需要受到支持，如此每個人才能擁有自信、發揮一己之力。

◆ 人們最初可能是服務受益者或活動參與者，而後因角色轉變影響其從支持圈獲得的幫助或參與程度，甚至可能因興趣或對組織的信任感加深而願意「提供幫助」，進而投身志願服務。

組織可以做什麼：

◆ 請記住，你並不孤單。組織的員工、現有志工、連結者、在地合作夥伴、親友等，都是建立支持圈的絕佳人選。

◆ 提供志工或員工多元的基礎培訓機會，例如心理健康急救、保護意識或指導技巧，以增強他們在日常工作以外的信心。

◆ 為了幫助志工對自身角色保持熱忱並積極投入，組織應將滿足志工需求的必要成本納入預算考量。

◆ 協助新進志工與經驗豐富的志工建立夥伴關係，提供初

期陪伴與支持,增強其信心。

▶ 原則五｜建立適宜的社交連結

社會連結是志願服務體驗能否提升參與者幸福感的關鍵,因此請務必周全考慮所有能讓參與者感受到歡迎並融入團體的連結方式。

> **為什麼這個原則很重要：**

- ◆ 許多接受社會處方箋的人們其實渴望友誼和陪伴,而志願服務有助緩解孤獨感,建立穩固的社交連結。
- ◆ 與他人共同參與具特定目標的行動,能有效建立支持社群、增強自信,並確立目標。
- ◆ 支持圈有助於個人保持參與,而社交連結則能使這份參與蓬勃發展。現有志工在促進連結方面能發揮關鍵作用,他們能成為使用者的同伴或好友,幫助使用者感覺受到群體接納,並增強信心。

> **組織可以做什麼：**

- ◆ 當組織察覺到人們正在尋求社交連結時,應積極歡迎並引導他們參與志願服務。考量部分參與者可能較為內向

或害羞，組織可彈性安排有助於社會連結的活動，同時也應留意有些人在較大的群體中會感到比較自在。

◆ 為參與者找到合適的志工角色後，積極安排他們與現有志工配對。這種夥伴制度是建立新友誼、促進彼此支持與共同參與的有效方法。

◆ 建立良好的社交關係，重點不在於人數多寡或活動是否特別有趣，而在於理解參與者過往的生活經驗和專業知識。組織應思考如何創造機會，讓新進志工與既有的志工或員工進行更密切的合作與交流。

原則六：記得社會處方箋是一趟旅程

志工社會處方箋使用者的旅程並非總能一帆風順。他們可能不會立即感受到志工處方箋的益處，或是在參與其他社會處方箋的同時才開始接觸志願服務，甚至可能在參與組織活動後才思考是否加入。因此，志願組織需敏銳的覺察這些變化和可能性，並以開放的態度看待使用者調整方向。

為什麼這個原則很重要：

◆ 擔任志工可能是使用者在參與社會處方箋旅程中的主要

或次要活動。隨著個人情況或環境變化，志願服務對使用者的重要性也可能隨之改變。

- 連結者在與社會處方箋使用者初步接觸時，通常會優先處理其當前最迫切的需求，之後再適時建議他們加入志願服務。這有助於延續正向動能，也能增強使用者對長期投入的信心和興趣。

- 與所有志工一樣，透過志工處方箋加入的使用者，其參與動機也會隨著時間而改變。他們最初的角色和認知，可能會因應自身需求而有所調整。組織需要理解並接納這種變化。

組織可以做什麼：

- 進行志工管理時，應妥善參考使用者的社會處方箋個人計畫，以便即時掌握並回應其不斷變化的狀況。若志工業務主責者具備輔導或引導的專業知識，將更有助於做出更適切的判斷。

- 若志工處方箋使用者在志願服務期間遇到新的挑戰或令人擔憂的情況，組織應尋求支持圈協助。特別是需主動聯繫連結者，因為這些挑戰可能意味著需要將使用者轉回連結者，共同討論是否需更新其個人計畫或尋求其他幫助。

- 當有人透過志工處方箋參與組織活動或擔任志工時，組

織應主動與連結者保持聯繫,分享使用者的最新進展,幫助連結者瞭解組織的觀察,判斷使用者是否已準備好投入志願服務,以及其目前所面臨的情況。

◆ 請謹記,使用者在參與過程中可能容易遇到困難,甚至重回過去不良的生活模式,並回到自己熟悉的舒適圈。若使用者因此在志願服務過程中出現狀況,甚至決定退出,也無須過度擔憂,這代表此時志願服務並不適合他們。當組織發現並意識到使用者有類似狀況時,可以主動和使用者聊聊他們所面臨的問題及內心的感受,並尊重他們的決定。

▌原則七:如果珍惜它,就衡量它

如同所有提供無形且較難以量化的服務,社會處方箋若要彰顯其影響力,並獲得持續的資金或資源支持,務必在方案初始即納入效益或影響力評估。

為什麼這個原則很重要:

◆ 以目前大環境來看,志願服務雖然不是提升健康和幸福感的主流途徑,但其確實能帶來助益。因此,透過評測或觀察具體呈現志願服務在提升健康與幸福感方面的成

果，不僅能使現有的努力可視化，更有機會吸引新的合作夥伴，共同為相同的目標努力。
◆ 衡量以志願服務為核心內容的志工箋處方所產生的影響，並展現志願服務在提升健康和幸福感上的價值，主要是為了確保能持續獲得經費挹注，以延續優質的方案內容，進而使更多使用者受惠。

> **組織可以做什麼：**

◆ 若組織已採用「變革理論」，建議從社會處方的整體系統性視野重新審視，思考志願服務在支持有健康和社會照護需求的使用者時，還能促成哪些成果或途徑？
◆ 為了有效展示志願服務在促進健康和幸福感上的益處，務必採用穩健且經過驗證的通用評估方式。評估方式非常多元，也可從更廣泛的志工處方系統影響所帶來的影響著手，例如納入他社會處方關係人重視的結果，包括：使用者因從事志願服務而減少就診次數，以及使用者是否更主動、更具自我管理意識的回報自身健康狀況。
◆ 最重要的是，組織應仔細思考希望透過志工處方箋「捕捉」到哪些改變和影響？這些成果可能在哪個階段、應用何種方案設計產出？又有哪些專業人士或團隊適合提供協助？

面向未來的挑戰與機遇

在臺灣，參與志願服務的風氣相當盛行，尤其在即將屆齡退休或退休後展開第三人生的中高齡族群中更是普遍，無論是健康服務中心或衛生所、圖書館、博物館、美術館、表演藝術場館，乃至各式非營利組織，都可以看到這些人熱心服務的身影。根據《中華民國111年老人狀況調查報告》[2]，「志願服務」也依然是中高齡者主要的社會參與形式之一。

多年來，我經常受邀擔任各博物館、美術館或衛政社福單位的志工培力課程講師，因此非常瞭解志願服務現場可能面臨的困難。隨著臺灣正式邁入超高齡社會，在與中高齡志工協作時，尤須關注以下兩個向向：

1. 珍視並妥善運用其豐富經驗與生命價值，為組織注入

---

2. https://ppt.cc/faLdgx（瀏覽日期：2025/03/08）

源源不絕的活力。

2. 放下諸如提供免費便當或門票等傳統「志工福利」思維，改採能促進志工身心健康福祉的「志工處方箋」概念。

唯有如此，才能有效化解志工與承辦人員之間常見的摩擦與困境。

圖 5-1：我受國立歷史博物館時任教育推廣組辛治寧組長邀請進行志工培力課程，分享如何在打造博物館成為幸福場館前，先回頭檢視自己擔任志工的初心／照片來源：國立歷史博物館

目前臺灣各組織在規劃志工培力課程時，多數仍側重於單純的服務技能提升，然而我始終強調「**照顧他人之前，**

要先懂得如何照顧自己」此一核心觀念。習於服務他人的志工，更應當將這點銘記在心。因此，如何在未來的志工訓練中，積極融入促進其健康福祉的理念，將會是臺灣施行志工處方箋應著重的關鍵要點。

我的觀察

★ 臺灣從事志願服務的人口以中高齡者為主力,如何針對這群受眾的需求和期待設計志工處方箋,將是可行且具潛力的方法。

★ 在臺灣的博物館或美術館內,志工普遍也多是中高齡者。因此,可考慮整合如博物館處方箋、志工處方箋、藝術處方箋等多元社會處方箋類型,若場館具備自然園區,更可納入自然處方箋。上述處方箋內容都能為社會處方箋設計者提供豐富的靈感。

Chapter 6

自然處方箋

【處方形式】

- 顧名思義,自然處方箋是以親近大自然做為施發內容,通常又分為「綠色處方箋」(在陸域環境中進行,如森林、步道、公園,鼓勵使用者進行親近植物的活動),以及「藍色處方箋」(主要在水域環境進行,如海洋、湖泊,鼓勵使用者進行相關親水活動)。
- 值得注意的是,綠色與藍色處方箋常常能夠並用,攜手為使用者帶來更全面的身心健康。

關於自然處方箋

自然處方箋支持人們參與以自然為基礎的介入方案和活動，藉此改善其身心健康。這些方案與活動包括所謂的綠色活動和藍色活動，如步行計畫、社區園藝計畫、環境志願保護服務、綠色健身房、開放水域游泳、海洋環境探索，以及在自然環境中進行結合藝術文化的活動。

2022 年，英國國家社會處方研究院所做的《自然環境如何透過社會處方支持健康與福祉》（*How the Natural Environment Can Support Health and Wellbeing through Social Prescribing*[1]）報告中指出：

- 現今有大量文獻證明，接近自然環境與良好的健康福祉呈正相關。這些證據也顯示，運用自然環境發展出的社會處方箋對健康和福祉的益處，但其因果機制仍

---

1. Mughal R., Seers H., Polley M., Sabey A. & Chatterjee H.J. (2022) How the natural environment can support health and wellbeing through social prescribing. NASP.

不清楚。
- 若人們日常生活中有較容易抵達的自然環境，無論是親近自然或接近河海，都有降低肥胖（身體脂肪）、減少心血管和呼吸系統問題等健康益處。
- 身處森林環境能降低收縮壓和舒張壓、心率、壓力賀爾蒙濃度，以及交感神經活動，並活化副交感神經。
- 融入正念的園藝活動，也可以帶來廣泛的心理和生理健康益處，包括降低高血壓，減少創傷後壓力症候群、適應障礙和注意力不足過動症的負面症狀。
- 增加與自然環境的接觸，也有助減緩認知能力下降，降低新冠病毒感染、糖尿病、肥胖等風險，並增強體力。接觸綠色空間也對心理健康、幸福感、復原力產生正面影響。
- 相較於綠色環境，雖然關於如海邊、河湖邊等藍色環境（blue space）對心理和身體健康影響的數據較少，但在系統性的文章回顧仍發現，隨著人們處在藍色環境的頻率越高，會有較好的心血管健康，在主觀幸福感及心理健康上也有良好成效。

此外，越來越多的證據也顯示，與大自然保持密切聯繫能為身心健康帶來多種益處，包括：

- 增強免疫系統
- 改善記憶力和注意力
- 減輕壓力並促進放鬆
- 改善睡眠品質
- 減少焦慮和憂鬱症狀
- 減少呼吸道疾病

然而，在臺灣常誤以為只要是鼓勵人們去公園散步、去爬山或走步道，就是所謂的自然處方箋。這種情況就類似於臺灣有些工作者認為安排人們去看表演或聽音樂，就是所謂的藝術處方箋或音樂處方箋。

我在書中不斷強調，社會處方箋是一種連續介入方法，它是根據使用者的自我健康管理意識和需求，鼓勵其參與經過良好設計的方案。因此，**自然只是一個媒介，自然處方箋仍需融入建議、引導、關注和鼓勵，才能使方案具有結構**，並藉助自然特別令人愉快且能進一步改變使用者行為和觀點的特色，提升人們的健康福祉。

英國自然處方箋的起點與發展

英國的自然處方箋始於 2017 年蘇格蘭東北部的謝德蘭（Shetland）。當時在謝德蘭進行的試驗計畫，針對人們的焦慮、憂鬱、肥胖、糖尿病、高血壓、失眠、藥物和酒精依賴等 32 種不同症狀進行改善，施發範圍總計涵蓋 335 名不同年齡層的使用者。

後續的追蹤報告顯示，74% 的患者認為自然處方箋對他們有益，70% 的人表示他們繼續每天或每週多次與大自然接觸，87% 的人則更進一步表示他們**很可能或非常可能會繼續使用自然處方箋**。

> 「我開始更加關注周遭美麗的環境對我起的安定作用。大自然確實有助於理清思緒，讓人得以用更冷靜的視角看待困擾自身的問題。」　　　　——蘇格蘭自然處方箋使用者

2020 年，蘇格蘭皇家鳥類保護協會（RSPB Scotland）與一基金會及愛丁堡市區五家全科診所進一步開展自然處方箋試驗計畫[2]，亦延續了 2017 年的良好成果。

這次的試驗也是從當地的季節性自然狀態出發，方案內容設計也包含了活動訊息、內含如何與自然連結的練習指引的特製傳單和日曆，也提供與當地自然綠地和自然團體相關的訊息。這些設計有助於人們以其所期待且有意義的方式執行練習內容，使其有信心與自然建立連結。

> 「我同意自然處方箋對心理健康問題確實很有幫助。我為心臟病康復者提供自然處方箋，他們住過醫院，接受過治療，正在慢慢提高活動的頻率，但在這過程中，他們往往會因身體狀況不如從前，而對未來感到緊張焦慮。自然處方箋是一個很自然的介入方式，給了他們外出走動的理由和動力，同時藉由方案的內容讓他們透過不同的活動，以放鬆的心情進行練習，這也為復原的過程帶來積極的效果。」
>
> ——參與綠色處方箋的全科醫師

在前述自然處方箋試驗獲得成功後，2024 年蘇格蘭皇家鳥類保護協會和「邊緣物種計畫」（Species on the Edge）

---

2. https://ppt.cc/feS9cx（瀏覽日期：2025/3/08）

也攜手在奧克尼（Orkney）地區進行另一項自然處方箋計畫[3]，目標同樣是透過加強與自然的連結以提升患者的身心健康。

計畫中醫療保健專業人員透過和使用者之間的引導式對話，探索如何藉由更頻繁的接觸自然來改善使用者的身心健康。使用者會收到一份自然處方日曆，其中包含多項季節性活動建議，例如聆聽不同的鳥鳴聲、定期前往離家較近的戶外地點接近大自然，並觀察季節變化、撰寫「自然日記」，以及留意生活周遭自然環境的細微變化，例如光線的移動和陰影。這項計畫透過多樣化的選擇，讓每位使用者都能以符合個人偏好且有意義的方式與自然建立連結。

> 「花時間接觸大自然可以協助我們放慢腳步，進而有所反思。因為在接觸大自然的過程中，我們注意和體驗的雖然是自然，但其實也同時為我們帶來了自我關注。經由這樣的經驗，能讓人變得更加專注，同時也會開啟我們的好奇心，去感知那些充滿鼓勵、啟發和令人愉悅的新事物，並在平凡中產生非凡的時刻。」
>
> ——奧克尼邊緣物種計畫工作人員

---

3. https://ppt.cc/fII8Bx（瀏覽日期：2025/3/08）

奧克尼的自然處方箋方案不僅提供自然日曆或觀察建議，更在既有的良好經驗基礎上，開辦了一系列實體活動，並定期分享每月健康主題活動。這種**與時俱進、不拘泥於單一模式的做法**，正是我一再強調「良好的社會處方箋方案設計」所應具備的特點。

▶ 跨政府部門綠色處方箋計畫正式上路

　　2021 年 4 月，新冠疫情仍嚴峻之際，英國跨政府部門正式啟動為期 2 年的綠色處方箋計畫。該計畫選定 7 個受疫情較大影響的區域做為試驗點，與有輕度至中度心理健康需求，以及經歷嚴重精神疾病後康復的人們合作，另也特別納入因健康不平等問題而處於弱勢的社群、貧困地區居民、有精神健康問題者及特定少數族裔。此計畫旨在探索如何將綠色處方箋導入心理健康照護體系和整合照護系統，以改善民眾心理健康，解決健康不平等問題。

　　無論是何種社會處方箋，成效和影響評估都是必須重視的環節。我們可以透過評估結果，思考未來在推動社會處方時可參考的指標。以下，我們就來看看這項為期 2 年的綠色處方箋計畫所獲得的最終成果：

- 2021 年 4 月～ 2023 年 3 月計畫執行期間，共有 85%

的綠色處方箋被使用，總計超過 8,500 人參加相關活動。
- 中期評估結果顯示，包含遭社會不平等問題嚴重影響健康福祉的社區在內，整體參與者的心理健康和福祉皆得到正向且顯著的改善。
- 計畫中的試驗點和學習區，都因而成為綠色處方箋網絡的一環。
- 良好的整合性建置，為方案或服務提供者與醫療保健提供者建立了深厚的信任和理解，使得綠色處方箋的轉介更為積極順暢。
- 綠色處方箋已體現在國家和地方不同部門層級的政策和策略之中。
- 計畫結束後，綠色處方箋仍持續在 7 個試驗區域進行，顯示其影響力及鼓勵效果。

▶《綠色處方工具包》

　　綠色處方箋計畫所獲得的寶貴經驗，也被彙整成《綠色處方工具包》（*Green Social Prescribing Toolkit*[4]）。此工

---

4. https://ppt.cc/fIKn7x（瀏覽日期：2025/3/08）

具包也適用其他類型的活動，包括藝術、遺產及體育活動等，並能協助社區、組織和衛生專業人員與當地衛福健康系統共同打造自然處方箋計畫。工具包主要包含以下內容：

- 計畫中的具體方案和相關資訊
- 入門和實踐的範本指南
- 評估和研究
- 其他有用資源

此外，工具包中也提及自然處方箋用於處理或預防心理健康疾病的幾項原則：

一、提供個別化照顧和支援方法

個別化照顧的核心在於理解對個人重要的事物，使人們有機會自主選擇方案，改善其生理和心理健康。在推薦或設計自然處方箋方案時，務必先與使用者討論，並將使用者置於思考中心（即服務設計所強調的「以使用者為中心」的設計思維），**也應體認每位使用者都是擁有豐富生活經驗的個體，並確保他們的聲音都能夠確實被聽見。此外，應避免將單一模式套用於所有自然處方箋。**

二、正視有心理健康疾病經驗的人們的聲音

在建構自然處方系統的過程中,無論是在設計、發展、決策或權力共享等任何環節,都必須將具有相關生活經驗者納入諮詢小組,並鼓勵他們共同參與方案的設計規劃、分享自身故事,激勵他人。這麼做能確保系統與方案更貼近使用者的真實需求與經驗。

三、與當地社區和組織共同設計具共融性質的活動

應積極協助衛福、醫療、護理、住房及志願和社區組織建立並加強夥伴關係,共同設計普及化的體系與活動。這有助於促進更有效的轉介,並提供更多元的方案選擇,以達成最符合使用者需求的成果。

四、共融性實踐

完善的自然處方箋計畫應以平等、公平、機會和多元化為核心價值和願景。所謂的共融性實踐,就是在共同製作和設計方案的過程中,都考慮到個體的各種需求、偏好、文化和環境背景,以確保方案的包容性,並落實以使用者為中心的設計思考。

五、與跨部門或領域的夥伴合作

應鼓勵衛福、醫療、社政、健康、志願、社區、慈善及社會企業等組織，依其所長共同合作，使自然處方箋能為大眾所用。自然處方箋的永續發展，更須仰賴跨部門、跨領域的緊密合作。因此，應積極建立跨領域聯繫與協作的機會及平台，透過資源共享，持續促進系統的整合。

六、解決不平等問題

透過傾聽、同理，確保人們有機會參與、回饋及共同設計社會處方箋方案，盡可能消弭或縮減不對等的參與狀態。

七、提供整個生命週期的服務

在設計自然處方箋的階段中，務必深入考量人們在完整生命週期中可能面臨的各種關鍵時刻與過渡階段。同時應全面納入各種社會、經濟、環境和行為風險等因素，以確保自然處方箋在實施時，能更精準的回應處於不同生命階段的使用者的多元需求與獨特經驗。

▌自然處方箋在英國的推動成效

自然處方箋的活動能與現有治療方法相輔相成，其中

也包含了多元的社區活動，如步行俱樂部、自行車計畫、社區園藝及遠足踏青。近年來，透過全科醫師和社會照護與健康服務等多種轉介途徑，以及新冠疫情後人們對戶外相關活動的興趣大增的緣故，英國實施的自然處方箋數量已顯著增加。

自然處方箋是 NHS 長期計畫的一部分，旨在改善大眾心理健康，減少健康不平等問題，並降低大眾對疾病治療的需求。因此，**制定良好的實踐方法**，以及**普及綠色社會活動並維持推動動能**至關重要。同時，為了最大化自然處方箋的效果，也需要進一步**發展相關轉介途徑，並加強推動外展活動**。

以自然為基礎的社會處方介入措施，能有效將人們與更廣泛的社區連結起來，進而培養人們與社會和自然的連結感，並減少社會孤立感，同時也能對個體的整體幸福感產生正面影響。

《英國醫學期刊》（*British Medical Journal*）於 2020 年發表的一項研究[5]評估 77 項綠色處方箋的運用研究，發現醫

---

5. Howarth, M., Brettle, A., Hardman, M., & Maden, M. (2020). What is the evidence for the impact of gardens and gardening on health and well-being: a scoping review and evidence-based logic model to guide healthcare strategy decision making on the use of gardening approaches as a social prescription. *BMJ open*, 10(7), e036923.（瀏覽日期：2025/3/16）

院、療養院、臨終關懷醫院和第三部門組織內的「**社區園藝活動類**」綠色處方箋，能有效改善民眾的健康與福祉不平等問題。

包含綠色處方箋在內的社會處方，能將患者或有需求者與第三部門組織（例如當地志願、社區、信仰組織及社會企業）、市政當局（例如社會服務和學校）、娛樂設施和鄰里組織連結起來，幫助雙方建立夥伴關係。此研究也建議：

- 地方組織、衛福社政單位、健康服務提供組織，以及其他可以建立轉介途徑的單位，應更積極的發展合作夥伴關係，使民眾更容易獲得自然處方箋。
- 儘管使用者可能瞭解親近自然環境的好處，但許多受健康不平等問題影響的民眾仍不夠熟悉自然處方箋，因此不會優先考慮參與相關方案活動。應透過多樣化的外展活動和推廣倡議擴大觸及範圍，並使更廣泛的受眾能接觸和利用自然處方箋。
- 開發和標準化評估工具，將有助於第三部門組織更準確的評估和理解自然處方箋的影響效益。
- 擁有公園、花園的博物館及美術館，可以考慮整合室內外的收藏項目和展覽，使自然與藝術的結合發揮加乘效果。

面向未來的挑戰與機遇

我曾於 2023 年擔任「廣慈社宅社會處方箋子計畫」之計畫主持人，本計畫出自由臺北市政府都市發展局主辦，禾磊藝術有限公司策辦執行的「廣慈社宅公共藝術計畫」，亦是全臺灣第一個以社會住宅的內涵、場域、受眾為主的特色案例。

當時，我針對該社宅所在的信義區進行研究調查與資源盤點後，選擇參與「藝術處方箋」與「園藝處方箋」活動並進行觀察，同時為其設計專屬的評測問卷。我採用了英國文化協會（Arts Council）所開發的《通用社會成果模式》手冊（*Generic Social Outcomes, GSOs*[6]）中的「三向度通用社會成果架構」，做為評測基礎。此三向度包括：「健康與福祉」、「穩固安全的社群」、「公共生活意識」。

---

6. https://ppt.cc/f3cS1x（瀏覽日期：2025/3/16）

我選擇《通用社會成果模式》做為評測的參考結構的原因在於：

1. 該模式在開發之際，其目標、架構與指標皆相當程度連結了個體參與文化藝術所產生的自我覺察和社會互動變化。
2. 三向度的成果架構，也呼應了藝術或園藝等創意方案導入社會住宅所能產生的影響面向。

以此計畫的「園藝處方箋」為例，該處方箋是由黃盛璘園藝治療師及其團隊所帶領，以 24 節氣為脈絡設計了為期一年的方案，讓社區民眾全齡參與。在其中一場焦點團體中，參與者紛紛提到，由於課程跟著節氣走，自己與家人原本較失序的生活狀態變得穩定，也開始會留意周遭的環境以及相關細微變化。更有中年男性參與者說：「以前都不能理解在宜蘭的老父親退休後為何還要一天到晚去田裡弄東弄西，但參加這一年的課程，我不只明白了，更覺得自己好像更靠近爸爸的內心一些。」[7]

除了廣慈社宅的自然處方箋計畫，臺北植物園近年來也與臺北市立聯合醫院合作推出給失智者的「植物園處方

---

7. https://ppt.cc/fFSkEx（瀏覽日期：2025/3/16）

圖 6-1：黃盛璘園藝治療師及其團隊每週與來自社宅內的居民進行主題式的自然參與活動／照片來源：禾磊藝術

箋[8]」，讓身處城市的失智者與其家屬，也有機會感受自然處方箋所帶來的療癒。此外，近年來由林業署推動的「森林療癒師」認證，除了需具備一般的環境識能外，也需接受心理健康培訓[9]，或許未來也有機會成為自然處方箋的助力。

其實，自然環境一直就在我們身旁，只是許多臺灣人在成長過程中可能較少有機會接觸自然，就連像我這樣在鄉下長大的孩子，也必須承認自己在邁入職場後也逐漸遠

---

8. https://ppt.cc/fmim3x（瀏覽日期：2025/3/16）
9. https://ppt.cc/ftWjyx（瀏覽日期：2025/3/16）

離了自然。

　　社會處方箋的核心價值之一，便是透過精心設計的方案，引導使用者在日常生活中重新培養對自然的覺察力與觀察力。即便身處乍看之下地景風貌較為單調的都市，使用者仍然有機會藉由方案設計的引導，學習如何在生活中進行自然觀察與覺察。這也考驗著方案設計者是否夠瞭解使用者的狀態與需求，以及能否充分掌握社區內可用的自然資源。

我的觀察

★ 雖然臺灣是個離山海都近的國家,但比起發展相對成熟的綠色處方箋,藍色處方箋仍尚待開發,建議目前已在推廣水域環境教育的組織和地方政府深入思考推動藍色處方箋的可行性,並思索如何建立在地合作關係,藉由彼此的經驗與資源,共同探索藍色環境提升大眾健康福祉的潛力。

★ 與藝文性質的處方箋相比,自然處方箋更有潛力獲得男性參與者青睞。因此,若對開發自然處方箋有興趣,將男性視為目標受眾,將有助於開創新的服務方向。

Chapter 7

運動處方箋

【處方形式】
- 以運動為主要媒介,多屬於單向式的規律參與。
- 以既有的規律性為主體,盡可能建立深度且持續的整合型方案。
- 場域型態包含健身房、運動中心,有時也可結合戶外環境。

關於運動處方箋

我們常說「祝你『身體』健康」，也常聽人說「要活就要動」。身體的活動自然是維持健康、良好生存的重要任務之一；然而，若是我們認為運動只能帶來生理上的好處，或以為只要持續鍛鍊身體就能成為心智健全的人，可就大錯特錯了。

身為七年級生，我記得國中健康教育課本上有個章節名稱是「生理影響心理、心理影響生理」，簡單來說，其實就是指生理和心理兩者會相互影響。當時年幼的我第一次理解到，原來「生理和心理並非獨立存在」。

時至今日，除了自己也正邁向中年，感受著身體的變化之外，也因為在工作和教學上有機會與許多中高齡夥伴同行，我更明白運動不僅能為健康帶來好處，**我們以何種形式進行運動，也會影響我們看待世界的角度。**

會這麼說，是因為臺灣從政府到民間都著重於身體的

鍛鍊，卻常忽略**心理的鍛鍊同樣重要**。我觀察到許多長者在政府福利或媒體呼籲下投入體能運動，然而現有課程大多缺乏引導參與者覺察自我、關照世界的內容，導致長者們回到原來的生活或家庭後，依舊是心性脾氣不佳、讓親友們感到頭痛的人物。

既然運動能夠活絡身體，那麼方案設計者或服務提供者更應該深入思考運動的內容能否發揮更廣泛的影響力。可以肯定的是，單純跟著老師或影片的節拍做律動固然有益健康，但若能在運動中加入**創造力、自我探索、環境觀察以及人際互動**等元素，效益將會更加顯著。

在英國，運動處方箋（Sport on Prescription）也是社會處方的重要類型之一，它是一種創新的方案，旨在將有需求的個案從傳統醫療體系引導至社區的運動資源。運動處方箋與傳統的藥物處方不同，是由醫療專業人員根據個案的身體狀況和需求，提供適合的運動建議，並透過專業的連結者協助個案參與符合其需求的活動。

根據英國國家社會處方研究院的介紹，當運動與社會處方箋結合時，將會為民眾帶來以下益處：

- 降低罹患癌症、失智症、心臟病和中風等疾病的風險。
- 將罹患第二型糖尿病的風險降低 30 ～ 40%。

- 促進心理健康,減少焦慮和憂鬱,加強人與人之間的聯繫,並增強幸福感和自信度。
- 幫助慢性病患者控制病情。
- 有助於維持健康的體重、良好的睡眠,讓人感覺更有活力。
- 協助減少吸菸等不健康的習慣。

運動保健康已成為全民共識

　　隨著時代變遷,人們越來越感受到運動的重要性,並且願意將運動納入生活的必做事項。根據 2025 年 1 月英國非營利休閒運動產業平台「活躍英國」(ukactive)所公布的調查[1],「健身」和「運動」費用已成為英國千禧世代(泛指 1981 ～ 2000 年間出生者,亦稱 Y 世代)的主要支出之一,其中近 23% 投資於健身房會員資格或其他健身服務的金額,幾乎是外出用餐或社交飲酒的 4 倍,這對「可以不喝水,不能沒有酒」的英國人來說,的確是相當驚人的世代變遷。

　　此外,在所有受訪的年齡層中,25 ～ 34 歲者在該方面

---

1. https://ppt.cc/fv49Hx(瀏覽日期:2025/03/08)

的支出最多，這代表相較於短期享樂，這些人更願意投資在自身的健康上。然而，**如何將這股運動熱潮轉化為長期的生活習慣**，仍是值得關注的議題。

建立習慣的方法繁多，洞察最能夠影響使用者心理和行為的時機並做相關推廣，也是促成長期參與的有效策略之一。例如，「活躍英國」就觀察到一月通常是英國健身房或健身設施業績最好、最繁忙的月分，原因或許在於新年伊始常被人們視為下定決心、展開新計畫的理想時刻。

對此，「活躍英國」執行長 Huw Edwards 曾表示：「一月是為了身心健康而更加活躍的好時機，但維持運動習慣的關鍵在於，找到你**『真正喜歡的活動』**。」由此可見，無論是何種社會處方箋，若想獲得良好的成效，勢必都要建立在「對我們而言，什麼是重要的，以及我們所喜歡的」這個基礎之上。

▶ 不只是運動

誠如前述，運動處方箋並非僅限於單純的體能鍛鍊，亦可融入自然、藝術等其他社會處方箋元素，藉此更全面的促進民眾的健康與福祉。以綠色處方箋計畫為例，阿蓋爾社區信託基金（Argyll Community Trust）即推行一系列活動，

以鼓勵當地社區居民更積極的參與體能活動,並親近戶外。

> 「除了減肥等明顯的健康益處外,人們發現體育活動還能對參與者的心理健康產生積極影響,減少社會孤立,並改善他們的整體健康。」
> ——阿蓋爾社區信託基金健康與福祉經理　Ben Kerswell

此方案範疇廣泛,包括專為面臨社會疏離和寂寞風險的年長者設計的「散步與交談」(Walk & Talk)團體、適合初學者的保齡球課程、戶外足球活動,以及具明確目標、鼓勵參與者在 9 週內跑完 5 公里的「Couch to 5k」計畫,也有為退伍軍人量身打造的運動課程。這些活動不僅著重於提升身體活動水平,更考量到參與者的社交連結與心理福祉。

此案例清晰展現了運動處方箋如何藉由結合不同類型的活動,並針對特定族群的需求,提供更具個別化與系統性的介入。

> 「我們希望不斷挑戰人們和社會對老化及障礙的限制,嘗試為每個人開創更多具創造性的創新體育活動;為有特殊教育需求或殘疾的兒童安排無聲迪斯可,為有跌倒風險的兒童安排舞蹈課,為老年人提供空中瑜珈或大笑瑜珈的工作

> 坊。看到參與者臉上純粹的喜悅非常令人難忘,我記得一個非常特別的時刻是看到 95 歲的 Marion,第一次在空中自由搖擺並開懷大笑的神情。」
>
> ——桑德蘭社會處方(Sunderland Social Prescribing)經理
> Vicki Kennedy

此外,運動處方箋的形式亦相當多元。英國的 Groundwork 方案便鼓勵使用者在大自然和戶外進行正念散步,同時教授他們實用的園藝和景觀技能,支持人們在日常生活中進一步認識並親近當地的公園和綠地。

如果你想開發符合在地需求的社會處方箋方案,「**從處方箋使用者的生活環境脈絡出發**」絕對是最重要的指南針。例如,「獨特的你」信託組織(The YOU Trust)觀察到,足球在英國,特別是男性生活中的重要性,遂與在地足球俱樂部合作推出足球處方箋。

透過策劃結合足球、培訓、社區和福祉的一系列計畫和研討會,此方案有效接觸到社區中身處社會疏離或弱勢的男性,並為 50 歲以上熱愛足球運動的男性提供為期 10 週的步行足球計畫。此計畫不僅旨在透過規律的運動維持參與者的身體活力,更重要的是為他們創造社會連結,增強社區凝聚力,展現了社會處方箋在滿足使用者生活、社交和

情感需求上的功用。

> 「我們設計的方案沒有真的像在比賽那樣需要突然改變方向或動作，因此對於身體的負擔較小，而且透過遊戲的方式可以讓參與者毫無顧慮的玩。除了帶來健康益處，我們也會在過程中創造團體互動，讓參與者有機會結識新朋友、降低社會疏離，帶來良好的社會效益。」
> ── PitC 足球俱樂部社區服務經理　llenor Gray

▶ 運動處方箋的跨組織合作與推動

2024 年，「運動英格蘭」（Sport England）的研究發現[2]，身體活動每年有助於避免英國 60 萬人罹患第二型糖尿病，及避免 57,000 人罹患失智症，且能減少病患的全科就診次數，節省將近 5.4 億英鎊支出。此外，更可協助預防 130 萬例可能的憂鬱症，為心理健康服務節省將近 7.8 億英鎊支出。

既然身體活動的成效如此顯著，英國國家社會處方研

---

2. https://ppt.cc/f6axrx（瀏覽日期：2025/03/08）

究院也積極與「運動英格蘭」、「活躍英國」等單位展開合作。他們不僅將運動休閒納入社會處方的範疇，更希望藉由跨組織合作，甚至是跨處方箋類型（例如將創意元素融入運動，使其可能同時具備自然或藝術處方箋的特性），整體擴大社會處方箋的影響對象。

之所以需要如此的合作，是因為運動休閒處方箋在初期不見得容易被大眾接受和嘗試。阻止人們踏出第一步的障礙可能包括：缺乏時間或動力、過往不習慣或不喜歡運動、不想或不敢嘗試新事物、對自身健康問題或身體障礙有所擔憂，以及對訓練費用成本的顧慮。

這些來自社會、文化、經濟等各方面的因素，都可能成為包含運動休閒在內的各種社會處方箋在推動上的困難。而跨組織的合作有助於打破上述困境，為健康系統、運動休閒服務提供者，以及社會處方箋使用者建立連結，引導更多人一步步養成更健康、更快樂的生活方式。

「活躍英國」分析報告

　　從臺灣中高齡者將運動視為養生保健主力，到英國的幾項運動處方箋受眾，都可以看出中高齡者是運動處方箋施發的重要族群。

　　臺灣政府或民間單位雖也會不定期公布相關統計數據，但英國在社會統計的細項分類和與時俱進程度上，仍處於國際領頭羊地位。因此，接下來我想介紹由「活躍英國」所做的分析報告《我們的生活：解鎖英國年長者的身體活動參與》（*Life in Our Years: Unlocking Physical Activity Participation for Older Adults*[3]）供讀者們參考。

　　儘管英國經驗未必能套用到臺灣，但已開發國家都面臨著人口結構高齡化問題，相信我們都能互相學習，從中設計出適用於自己國家的社會處方系統。

---

3. https://ppt.cc/fXwyGx（瀏覽日期：2025/03/08）

▶ 年長者參與體育活動的重要性

《我們的生活》報告探討了隨著全球人口逐漸邁向高齡化，英國也面臨著人口結構轉型挑戰。報告指出，預計到2040年，60歲以上的人口將成為英國人口增長的主要群體，85歲以上的高齡者更是增長最快的族群。

然而，儘管人們的平均壽命已相對延長，健康年限的增幅卻未見顯著成長，這給英國國家健康與醫療服務和社會照護系統帶來了巨大壓力。在這樣的時空背景之下，促進健康老化和提升年長者參與體育活動，就顯得格外重要了。

報告中提到，參與體育活動對年長者的身體、心理和社交健康均有顯著益處。這不僅包括增強肌肉力量、改善平衡感、減少跌倒風險等身體機能的提升，還涵蓋促進心理健康、提升生活滿足感，以及減輕寂寞感。

研究也顯示，每週150分鐘的中等強度活動，以及每週2次的肌力鍛鍊，有助於延緩與年齡相關的身體功能退化。此外，定期的身體活動還能降低罹患慢性病的風險，包括糖尿病、心血管疾病及骨質疏鬆等。

值得注意的是，雖然體育活動的益處廣為人知，但在英國，55歲以上的成年人中只有53.8%每週能達到建議的活動水平，約34.4%的人每週活動時間不足30分鐘。這顯

示仍有超過三分之一的中高齡者身體活動量不足,可能間接增加醫療系統的潛在負擔。

▶ 如何克服年長者的參與障礙

此報告分析英國年長者參與體育活動的主要障礙,包括對體育活動缺乏興趣、健康或身體狀況的限制、經濟負擔及設施可及性等問題。為了有效應對這些挑戰,報告建議健身、運動和休閒部門應採取以下措施:

- **增加無障礙設施**:提供靈活多樣的活動選項,滿足不同年長者的需求,包括調整活動頻率、提供親身與數位預訂選擇等。
- **營造友好的環境**:確保設施的清潔與維護,營造熱情且包容的氛圍,讓年長者感到受歡迎。
- **強化社交互動**:在活動中融入社交元素,促進年長者間的交流,提升活動吸引力。
- **提供專業指導**:培養教練的溝通能力及技術專長,確保能根據不同年長者的需求量身訂做鍛鍊計畫。
- **按能力分組**:避免按年齡劃分課程,而是根據能力和需求分組,減少「老化標籤」對參與的阻礙。

🔹 理解參與者的需求與偏好

研究顯示,年長者在選擇體育活動時,主要考量健康維持、社交機會和參與的彈性。他們尤其重視活動的安全性,以及個人需求是否受到尊重。相較於一次性的短期課程,年長者通常更傾向於長期且持續性的計畫,因為這能提供穩定的支持,有助於他們建立健康的生活方式。然而根據我的經驗,臺灣的情況可能剛好相反,年長者比較偏好一次性、多樣化的「吃到飽」課程。

此外,活動的時間安排和形式也需兼顧退休與未退休年長者的不同需求。例如,在週間白天非尖峰時段提供較多活動,可能更吸引退休族群;而週間晚上或週末時段,則能滿足仍在職的年長者。因此,該報告也貼心的提出年長者在評估是否參與運動休閒方案時可能會考慮的幾個面向:

- 活動方案是否便利,並能滿足目標受眾的身體需求和期待。例如時間彈性與靈活度、參與頻率、交通便利性。
- 參加活動的感受。例如整體氣氛、個人感受、他人評價。
- 是否有足夠的社交互動機會。
- 課程引導體驗,亦即與引導者、促進者及服務提供團

隊的互動感受。
- 自身會被如何分類並參與其中。
- 如何支持個人持續維持身體健康,以及是否能納入整合型醫療保健系統的長期追蹤。例如能否獲得線上線下整合的健康照顧資源,以強健身體。

▶ 報告中的關鍵發現與建議

該報告採用案例研究和焦點團體訪談的方法,分析了健身、運動和休閒產業如何支持年長者投入活動,並針對未來改進提出了九項具體建議:

1. **簡化使用流程**:降低數位預訂系統的技術門檻,並提供電話或現場預訂選項。
2. **注重重量訓練**:早期介入年長者的力量和平衡訓練,有助於延緩身體功能退化。
3. **提升環境品質**:從設施外觀到內部維護,保持高標準的安全性和舒適性。
4. **提供個人化服務**:根據個人的健康狀況和能力,設計針對性的活動。
5. **促進社交**:將社交活動納為體育計畫的重要部分,提供更多與同齡或跨齡互動的機會。

6. **強化教練專業能力**：定期對教練進行技能和知識培訓，特別是針對如慢性病之長期健康影響狀態的處理。
7. **增加活動多樣性**：不僅提供傳統運動課程，還融入如瑜伽、太極等適合不同需求的項目。
8. **推廣健康益處**：以能力和生活方式為核心進行宣傳，而非強調年齡，減少年長者對活動的抗拒。
9. **長期健康支持**：在疫情後，延續並擴展數位和實體相結合的健身服務，幫助年長者重建健康信心。

本報告強調以健身運動和休閒產業為基礎的運動處方箋，對於改善年長者的健康狀態、延長健康老化的時間具有關鍵作用。透過持續改善相關設施與服務，並深化與醫療體系的合作，可以進一步增強對年長者的支持。未來的研究也應持續監測這些措施的影響，以確保其能有效促進行為改變，並最終減輕醫療系統的負擔。

若讀者們對英國就身體活動及運動處方箋的實施狀況，及其所帶來的影響有興趣，可參考 2022 年英國國家社會處方研究院所做的實證摘錄《Evidence Briefing: Social Prescribing Physical Activity[4]》。

---

4. https://ppt.cc/fglf0x（瀏覽日期：2025/03/08）

面向未來的挑戰與機遇

　　參與運動處方箋並不代表一定得去健身房、游泳池等特定場所，也可以選擇打氣功或太極、跑步、散步、打羽球、騎自行車，或甚至做些表面上看起來「不像運動」的休閒活動，像是親近大自然、學習跳舞、做園藝工作、探索當地博物館或歷史名勝。

　　只要能有良好的方案設計加上合適的場域，讓使用者得以身處自然環境、體驗具創造力和文化魅力的活動，進而與他人建立關係、產生連結，同時保持身體活躍，都可以視為運動處方箋的基礎。

　　無論選擇何種方式，適時放下手機，外出走走，呼吸新鮮空氣，並有意識的運用視覺、聽覺、嗅覺、觸覺等感官，帶著好奇心去探索周遭環境，本身就是一種積極改善健康的行動！

　　若能參與經過良好設計的社會處方箋方案，更有機會

對生活的其他層面產生更積極的影響，例如在參與過程中感到愉悅、結識新朋友，甚至在方案結束後也能建立新的連結與關係。參與運動處方箋，亦有機會培養對生活有益的興趣與技能、增強自信、重塑生活節奏，並重新與自我及社會連結。

運動處方箋做為一種創新的健康促進方案，透過系統性的轉介機制和專業的支持網絡，能有效的幫助人們提升身體活動水平，進而改善其健康與福祉，並建立積極健康的生活型態。實施運動處方箋時，雖然可能面臨諸多挑戰，但透過持續的優化和方案設計調整，運動處方箋將展現出極大的發展潛力。

在此再次溫馨提醒，沒有單一的休閒或運動會是「最好」的靈丹妙藥，關鍵還是在於**方案是否經過完善的設計，以及是否能真正回應使用者的需求**。社會處方連結者、衛福醫護及健康照顧工作者，在向民眾推薦社區中能支持或改善其健康和福祉的活動時，最重要的仍是**依循「對我而言，什麼是重要的？」**原則，與使用者共同選擇對其有實際影響力的社會處方箋方案。

我的觀察

★ 無論在英國或臺灣，因為運動多以單向教學和規律練習的方式進行，如何引入從個體出發的「創造性」，仍是運動處方箋有待突破的重要挑戰。

★ 如何在運動處方箋中建立更深度的社會參與和關係連結，也是方案設計者可多加留意的重點。

★ 若想提升男性參與度，運動處方箋也是可以優先選項。

Chapter 8

回顧與展望

推動社會處方的基石：
社區系統

　　回顧社會處方的整體演進脈絡可以發現，如何協助社區內相關工作者及組織以正確的意識和機制推動社會處方，乃是社區實踐社會處方的關鍵。

　　對此，英國政府在其社區健康發展政策上，也提出了《健康的重要：以社區為中心的健康與福祉方法》（*Health Matters: Community-Centred Approaches for Health and Wellbeing*[1]），強調將社區（社群）置於公共健康政策推動的核心地位，是因為它能夠：

- 降低健康不平等。
- 賦權人們，使其對自身生活和健康擁有主動話語權。
- 創造一個具連結與韌性的凝聚型社區。

---

1. https://ppt.cc/fNzMVx（瀏覽日期：2025/03/08）

- 觸及身處不健康風險中的人們。

由此可見，社區是有效提升公眾健康的重要著力點，因此如何將社會處方導入社區，並將人們與社區資源、實質幫助、團體活動和志願服務機會等加以連結，就成為社會處方存在於社區的價值。

英格蘭國家健康與醫療服務（NHS England）的目標，正是在英格蘭境內的所有全科醫療診所中全面落實社會處方，並透過全科醫生和其他醫療保健專業人員將人們轉介至一系列當地的非臨床服務，同時實施相關的成果評估和研究。

> 「人們所經驗的社會關係會影響健康不平等。關鍵因素包括人們對資源和決策所能掌握的程度，以及生活在社區內的人們可以如何建立社交網絡、社區能力和韌性能力，並且獲取符合自身需求的社會資源。」
> ——英國倫敦大學健康平等研究院（UCL Institute of Health Equity），2013 年

然而，社會處方應該要從哪些單位開始推動？又該由誰來執行？這些問題始終是我在臺灣推動社會處方的過程中反覆思考的議題，也常在不同倡議現場與夥伴交換意見。由於過往我主要聚焦在中高齡議題的倡議，因此會從中高齡政策與社區相關的內容開始盤點，讀者們也可以從自身的專業領域出發，從政策源頭和實務根本去檢視該領域內現有與社區對接的主軸方向，進而展開同樣的思考。

　　自 2005 年起，臺灣在推動社區安老政策上便依據社區營造和社區自主參與精神，鼓勵如村里辦公室、協會等民間團體設置「社區照顧關懷據點」，提供民眾四大基礎服務，包括「餐飲服務」、「電話問安」、「關懷訪視」及「健康促進」，以實現在地初級預防照顧，推動在地老化。

　　在此項政策的推動下，截至 2024 年 10 月，全臺已有 4,949 個據點[2]，儼然已成為臺灣高齡服務的重要基礎。這顯示出，臺灣與英國都重視社區與社群對健康的重要性。

　　儘管此政策已推行逾 20 年，並見證臺灣邁向超高齡社會的歷程，社區照顧服務關懷據點的服務也有所變化或擴充，然而可惜的是，大多數據點仍以基礎服務為主，且多從

---

2. 資料來源為衛生福利部社會及家庭署社區照顧關懷據點服務入口網。https://ccare.sfaa.gov.tw/home/index（瀏覽日期：2025/02/11）

福利供給的角度出發，內容主要在滿足參與者的生理需求，或僅舉辦單次型課程或活動，較難提供對參與者產生長期影響的深度課程。

雖然國家在提供社會服務上原本就有囿限，但這項政策已奠定了基礎，讓更多元、深化的「意識」得以受到培養與發展。過去，社會處方箋多從單一方案或計畫起步，但近年來，我有機會受邀至臺灣各地的社區照顧關懷據點授課，親眼見證據點夥伴無論職位或服務內容，都開始主動關注並探索社會處方的可能性。因此，隨著本書出版，我相信應當會有越來越多社區願意投入推動社會處方，讓這項理念更深入人心。

打造社區社會處方箋的
七個關鍵

　　全球社會處方聯盟於 2021 年出版的《良好的健康與福祉──社會處方》(*Good Health & Wellbeing - Social Prescribing*[3])，以近年非常重視的永續發展目標（SDGs）之第三項目標「良好的健康與福祉」為核心，探討了社會處方應如何運作，內容中也提及發展良好社會處方箋的七個步驟。

　　這七個步驟涵蓋了相當具整合性的需求和建議，而「整合性」正是社區推動社會處方箋很重要的核心，因此我認為可以直接將這七個步驟視做「打造『在地』社會處方箋的七項關鍵」。

　　這些年來，我也透過這樣的構思與許多社區工作夥伴進行在地盤點，確實能夠幫助他們更具體思考如何設計社

---

3. https://pse.is/7bqgdd（閱覽日期：2025/03/23）

區專屬的社會處方箋計畫。以下重點說明此七個關鍵。

▶ 關鍵一：匯聚眾人之力，打造在地化的社會處方箋

當在地合作夥伴能以現有的社區資產及服務為基礎共同努力，就有機會產出良好的社會處方箋。這種「基於原有優勢」的做法，是建立在人們能夠共同理解社區面臨的關鍵議題，進而著手募集所需的各類人員和資源，協力尋找可以共享的解決方案。

在設計社會處方箋的過程中，需要納入最直接受影響的社區居民，盡可能使他們的聲音都能被聽見，以確保資源和支持能被公平的分享。因此，志願組織、社區組織、信仰團體、社會企業等單位，應與全科醫療、衛福系統、地方政府、住房組織、社會照顧服務、醫院、出院準備小組、緊急服務等其他在地夥伴合作，共同設計出運作良好且能資源共享的計畫。

▶ 關鍵二：為當地社群引入發展和支持的能量

為了將發展和支持的能量引入當地社群，社會處方箋服務的規劃與提供，通常需委託深耕在地、擁有豐富社區網

絡的地方組織。透過尊重並進一步發展現有在地關係,能夠建立更加穩固厚實的社區網絡。

目前在社區推動社會處方箋的主要挑戰在於：**如何促進當地基礎設施機構與連結者緊密合作,共同尋找、建立並支持在地的創新方法**。在社區能力（Community Capacity）或基礎設施支援相對薄弱的地區,則可能需要更多整合型的支持和協助。

而在地社區團體是否有意願與能力接受被轉介的民眾,並提供相關支持,更是社會處方箋能否成功的關鍵。然而,這些團體往往需要經費挹注才能維持運作。因此,政府或是主導社會處方箋推行的整合單位應透過多元管道投資社區,以提高其服務能力,並確保所有社區都能獲得公平的支持,例如：

- 提供小額資助給由志工組成的社區團體,支持其舉辦同儕支持活動,如步行團體、合唱團或藝術課程。
- 發展「共享投資基金」,匯集在地合作夥伴（包括慈善機構、社區團體及私營部門）的資金。
- 委託現有能提供福利諮詢和社交參與服務的志願組織、社區組織、信仰組織和社會企業,由他們提供社區支持及社會處方連結者的服務。
- 針對服務能力薄弱與供給量能較低的社區,提供新創

補助和發展支持。

- 使服務使用者能夠運用個人健康預算支付 VCFSE 組織的相關費用。
- 採取社會投資及成果導向的資金提供方式。這種方式特別適合健康與社會照顧機構的共同委託，依據預期達成的結果提供資金。

▶ 關鍵三：理解關鍵核心角色——連結者

連結者是確保社會處方箋有效運作的核心角色，其主要任務在透過訪談等方式，與人們展開「對你而言，什麼是重要的？」的重要對話。具體而言，連結者須具備良好傾聽技巧、高度同理心，以及支持他人的能力。

透過與使用者建立合作關係，並引導其進入社區支持系統（在必要的情況下，也會引導使用者參與相關社區團體會議）。連結者做為使用者與社區資源提供者之間的重要橋梁，不僅能夠強化社區整體韌性，也能藉此處理更廣泛的健康決定因素，進而減少健康不平等的情況。

近年來，英國已系統性的發展出給薪的連結者一職，並且和志願組織與全科醫療組織及其他轉介單位更加頻繁緊密的合作。在英國，連結者是多學科團隊的重要成員

之一，與全科醫事人員同樣是初級照顧網絡（Primary Care Networks）不可或缺的角色。

由於全世界的醫療保健系統不盡相同，各國在推行社會處方箋時，都應當思考「在自己的國家，社區中是否有類似連結者的角色」這個重要議題，臺灣當然也不例外。

近年來，我也受邀於各組織進行潛在連結者的培訓，在此特別提醒有意願投入的夥伴，要建立完整的連結者制度，不能只想著要直接挪用現有的可用人員，而是須完整理解如本書所整理的連結者內涵，以打造出「連結者」應具備的能力和素養。如此，才不會又落入過往臺灣在推動許多政策時，因為見樹不見林，而生出便宜行事的拼裝制度。

> • **重點整理**

(1) **連結者來源**：有給薪或志願的職位；通常來自第三方組織。

(2) **連結者特質**：對人懂得傾聽、同理、支持他人；對環境須熟悉資源、懂得跨域串聯。

(3) **連結者的重要性**：增加人們在社區內的主動參與；處理健康決定因素；降低健康不平等；強化社區韌性。

關鍵四：與社會處方箋使用者共創處方箋計畫

社會處方以英國的個別化照顧理念為根基，強調與使用者「共同決策」、「共同創造」和「共同設計」支持計畫。在此過程中須記錄雙方的對話與決策，並以對使用者而言有意義的方式共同討論結果，以產出符合使用者需求的支持計畫。

此外，支持計畫應能充分配合使用者的個人情況，並根據其健康狀況、照顧需求及支持期待等因素彈性調整。建議計畫內容應涵蓋以下重點：

- 深入瞭解對使用者而言真正重要的事物，包括優先事項、興趣、價值觀和內在動機。
- 共同探索使用者周遭可及的社區團體和服務。
- 清楚說明使用者可以期望從社區獲得的支持與服務。
- 鼓勵並協助使用者瞭解為了維持自身健康可主動採取的行動，並保持積極活躍。
- 幫助使用者釐清自身擁有哪些資產，如家人、朋友、嗜好、技能和熱情。

重點整理

處方箋方案或計畫設計，都應奠基於「個別化照顧」理

念,並注意以下設計要領:
- 使用者現有的支持要素
- 對使用者生活產生影響的因素
- 使用者可觸及的社群和服務範圍
- 可期待社區提供的社群支持和服務
- 如何讓使用者主動維持良好身心狀態

▶ 關鍵五:強化人才培育、職涯發展與支持系統

建立完善的人才培育與支持體系,方能確保社會處方有效實施與發展。這不僅包含對連結者的持續培訓、同儕互動及臨床督導支持,更涵蓋促進其專業發展的機制。

取得資格和接受培訓,是為了確保連結者能夠充分理解社會處方的核心理念與運作模式,以便進一步為使用者做適切的方案轉介。在培育連結者方面,英國已開發出一系列的課程和資源,例如個別化照顧的學習模組和連結者任務工具包,以協助使用者深入瞭解社會處方的本質、執行流程,以及所需的專業技能。

此外,為了促進知識共享與經驗交流,英國國家保健服務系統也**積極設立學習協調員,負責組織連結者之間的交流活動,建立非正式的同儕支持網絡**。這種互相學習的

機制,有助於連結者在實務工作中獲得歸屬感,並提升應對挑戰的能力。

同樣重要的是,要**為連結者提供來自臨床督導的專業協助與支持**。這是因為連結者在第一線工作時經常需要接觸處於危險或高度脆弱狀態下的個人,而這些人可能正面臨著困難的家庭動態、自殘和自殺、性虐待,以及家庭暴力等複雜議題。

臨床督導不只應提供連結者工作上的協助,更應主動關心連結者的心理健康、教導他們如何調適壓力,同時也須建立明確的保障程序,確保連結者在面對高風險個案時能夠獲得適當的保護與指導。

最後,為了營造一個有利社會處方發展的環境,**社會各界也必須提升對連結者專業價值與貢獻的意識及尊重**。透過幫助所有可能的轉介機構(包括但不限於全科醫事人員、藥房、地方當局、醫院出院團隊、專職醫療保健專業人員、消防部門、警察、就業中心、住房協會和志願部門組織)深入理解連結者的工作內容,也有助於其瞭解什麼是良好的社會處方轉介制度。

同時,所有轉介流程都應盡可能的清晰、簡單,以確保使用者能夠理解社會處方箋的內容,自己可以抱有何種期待,並且能夠做出最合適自己的選擇和決策。

> **重點整理**

培育與支持連結者時,需注意:
(1) 賦予連結者持續的訓練和學習機會。
(2) 給予連結者支持的管道及清楚的指引程序。
(3) 給予轉介者或轉介單位清楚的社會處方價值意識、明確的轉介程序、持續的訓練和學習。

關鍵六:促進並確保臨床從業者共同投入

臨床醫事人員在處理患者的健康問題時,通常會優先依據其臨床知識和經驗,採取傳統的臨床治療方法。當使用者的問題與生理醫學相關時,這樣的處理方式自然能對使用者有所助益;然而,若問題源自心理或社會因素,則須採取不同的處方思維和方法。

因此,要成功推行社會處方,多學科醫療保健專業人員的積極參與和支持非常重要。這也意味著需要為他們提供充分的社會處方識能培訓,使其能夠識別並轉介適合透過社會處方獲益的使用者。

已有證據顯示,接受過個別化照顧培訓的醫事人員,更能有效的識別並轉介有需求的人給連結者。此外,親身

體驗過社會處方箋的臨床醫事人員也指出，連結者與完善的轉介機制能有效減輕他們的工作負擔，使他們更能夠專注於處理病患在生物醫學和病理方面的問題。

為了使臨床醫事人員支持並推動社會處方和個人化照護理念，英國和國際上都提出了類似「臨床挑戰方案」的鼓勵機制。這些方案旨在：

- 提高對社會處方的意識，包含其在減少健康不平等、賦權使用者自主管理健康，以及促進使用者從事對他們真正重要事物等方面的重要性。
- 連結具有共同目標的多學科專業人士，強調生物心理社會模型在整體照護中的重要性。
- 促進多學科領域的合作，確保社會處方的核心識能在多學科、跨專業的環境中獲得應用。

重點整理

社會處方的整體推動仍須奠基於「個別化照顧」理念，其永續的關鍵在於：

(1) 提升臨床對於社會處方的意識（降低健康不平等、提升自我健康管理）。
(2) 連結跨領域專業者，提倡生物心理社會模式的全人照護。

(3) 聯合各領域打造跨專業的交流環境。

▶ 關鍵七：建立評測方法，傳遞影響力

　　獲得社區支持的使用者，透過連結者轉介的社會處方箋，確實能得到許多方面的益處，例如減少孤寂感、增強幸福感、提升自我健康管理能力等。因此，理解社會處方箋如何適用於不同的群體及其獨特需求是非常重要的。

　　不同的社會處方箋計畫評估證據皆顯示，透過受到傾聽、與人和社區建立連結，以及支持使用者發展新技能與興趣，使用者可以獲得社區歸屬感，進而提供同儕相互支持，並能有效積極改善身心健康、建立幸福感，提高情緒健康及生活品質。

社會處方的多元影響

在探討社會處方如何成為醫療藥物以外，協助人們度過挑戰的新契機後，我們將深入瞭解其更廣泛的實際影響。社會處方不僅著眼於提升個人的健康與福祉，甚至有助於提升醫療保健系統的效率與國家整體經濟效益。

接下來，我將闡述社會處方如何透過連結不同背景的個體、促進社區互助與志願服務，以及彌補社區資源缺口，進而強化社會凝聚力，並在特殊時期展現其重要的社會支持作用。

理解社會處方在個人、醫療體系、經濟以及社會層面的多重效益，將能更全面的認識其價值與推動的重要性。

▶ 對醫療保健服務和經濟的影響

英國謝菲爾德哈勒姆大學（Sheffield Hallam University）

進行的一項評估發現[4]，社會處方施行後，住院人數下降了7%，急診室就診人數也下降了17%。更值得注意的是，如果排除80歲以上的服務使用者，兩者的降幅更達到了19%和23%。

羅瑟勒姆市（Rotherham）也評估研究了社會處方的經濟效益，結果顯示有超過4,000名患者從社會處方中受益。據估計，2012～2015年間，該計畫為該市節省了超過50萬英鎊支出，相當於每花費1英鎊即可獲得43便士的回報。

此外，威斯敏斯特大學（Westminster University）最近發布的證據摘要也指出，如果一個人獲得社會處方箋支持，其接受全科醫生諮詢的次數平均可降低28%，急診就診次數平均也可減少24%。[5] 加拿大進行的試點研究也得到類似結果，醫療服務提供者表示，社會處方箋使患者的重複看診次數在3個月內減少了5%，在9個月內更大幅減少了42%。[6] 以上數據均強力證明了社會處方在降低醫療需求和成本的潛力。

---

4. Dayson, C. and Bashir, N. (2014), *The social and economic impact of the Rotherham Social Prescribing Pilot*. Sheffield: Sheffield Hallam University.
5. Polley, M. et al. (2017), *A review of the evidence assessing impact of social prescribing on healthcare demand and cost implications*. London: University of Westminster.
6. Alliance for Healthier Communities (2020), Rx: Community - Social Prescribing in Ontario.

▶ 對社會和社區的影響

當擁有足夠的支持和完善的機制時，社會處方可透過積極連結來自不同背景、各行各業的人們，從而加強社區的凝聚力。這種有意識的連結，也有助於鼓勵使用者參與多元的社區活動與支持網絡，例如志願服務、互助團體、文化藝術活動和自然環境體驗，進而為他人奉獻寶貴的時間和技能。

透過這種協作努力與積極參與，不僅能活化並更有效的利用與發展當地的社區資產，更能促進居民之間的互助互信，建立更緊密的社會關係。

社會處方所提供的資源和支持，亦能夠有效彌補社區服務和資產供應方面的潛在差距，並有助社區發展新的團體和社區活動。這不僅能直接惠及那些最需要幫助的弱勢群體，還能有效減少健康不平等，使人們能夠更好的掌控自己的生活，並在所居住的社區內建立積極且有意義的連結。

值得一提的是，社會處方在應對突發公共衛生事件上也能發揮強大的社會支持作用。像是在新冠疫情期間，英國許多民眾就曾積極主動支持自身所處社區，與社會處方連結者攜手合作，提供藥物、食物等基本生活物質給有需要者，並透過線上交流等方式保持聯繫，有效減少了疫情期間

因隔離所帶來的孤寂感。

> • **重點整理**

若你有志於推動社會處方,在進行過程中的每一步都請牢記:
(1) 展現社會處方在人們身上產生的影響。
(2) 展現社會處方在健康照護服務和經濟層面的影響。
(3) 展現社會處方對社區及社會的影響。

社會處方的未來

我們已經在前面幾個章節回顧與檢視社會處方的發展,接下來就讓我們一起放眼社會處方充滿潛力的未來吧!

在本章節中,我將介紹英國國家社會處方研究院於 2023 年出版的《讓我們改變看待健康和福祉的方式:2023 ～ 26 年的社會處方策略》(*Let's Change the Way We Look at Health and Wellbeing: Strategy 2023-26* [7],以下簡稱《讓我們改變看待健康和福祉的方式》)。

這份報告直接破題邀請大眾「一起改變過往看待健康與福祉的方式」,並再次倡議社會處方的必要性、運作模式與發展現況,及其推動至今所展現的成果效益與深遠影響。

我們可以從報告中深刻感受到,英國如何以 3 年為單位,針對社會處方進行周詳且具前瞻性的中長期整體規劃,

---

7. https://ppt.cc/fa9lMx(瀏覽日期:2025/3/25)

這種系統性思維正如同我在書中所不斷強調的，是落實優質社會處方系統的重要基礎。

英國這些年來所推行的各類社會處方箋計畫，不時展現出令人讚嘆的與時俱進精神。其不僅透過持續與各式組織交流討論社會處方箋的類型、內容及運用，促進不同地區的社會處方工作者互相學習、共同精進，也藉由像國家社會處方研究院這樣的機構，編寫實用指引和工具包，並定期彙整不同的社會處方箋類型、使用者群體，以及應用成效的實證回顧與摘要供各方參考。

從研究與推動社會處方以來，看著英國**透過嚴謹的研究分析、豐富的實務交流，以及不斷的演進調整**，使其珍貴的經驗和投入不因政黨輪替或朝代更迭而中斷，並持續保持跨領域、跨學科的相互學習與經驗積累，以上種種都讓我深信，這才是一個國家在制定與推動重要政策時應有的格局與遠見。

> 「我們每個人都有權利定義自己的生活，超越環境帶給我們的限制而持續成長，是好好的生活，而不單只是生存。這正是我們期待社會處方發揮的作用。」
> ——《讓我們改變看待健康和福祉的方式：2023～26年的社會處方策略》

■《讓我們改變看待健康和福祉的方式》報告精要與反思

社會處方自 2019 年於英國正式實施以來發展迅速，現已於世界各國推行。相較於臺灣，英國展現了以中長期計畫擘劃政策的意願，並經由 2023 年所制定的社會處方策略，清晰的闡明了其接下來三年的施行方向與所欲達成的目標效益。

此份策略以先前所有推動工作的努力為基礎，提出了接下來的五大工作方向。在此，我將與讀者們分享其主要內容，同時融入我個人的經驗與建議：

方向一：打造一個讓活動與資訊都能夠更容易被看見、被使用的社會處方平台

為了讓人們更容易獲得活動訊息、專業建議和相關資訊，持續優化整體社會處方系統的運作至關重要。社會處方具有高度在地化的特性，不同地區的需求不僅在特定群體之間存在差異，也會隨著時間而有所變化。因此，每個地區的社會處方系統都需要不斷回應和適應這些多元且動態的需求變化。為此，打造一個靈活且系統性的社會處方平台非常重要。

英國正持續測試和開發支持整個社會處方系統蓬勃發

展所需的重要基礎設施和工具,其所採用的方式包括:

- 持續開發並啟動新的社區連結工作計畫,例如舉辦網路研討會、提供專業培訓、分享實務案例研究等。這些舉措將能有效設計評估機制、建立交流網絡和社區中心、提升連結者的專業能力、增強社區及不同社群對社會處方的認識和參與。
- 持續與各部門的夥伴保持緊密合作,共同努力探索、支持和發展更多社區中心,以具體落實社會處方。合作夥伴的領域非常廣泛,可涵蓋圖書館、安養院、文化資產場域、博物館、美術館、休閒中心、體育設施等多元場域(在臺灣,這些夥伴還可以包括表演藝術中心、國民運動中心、社區照顧關懷據點等)。
- 持續和國家健康與醫療服務合作,透過在醫療體系中建立領導力量、提供社會處方工作者職涯發展的支持和指導,並於在地、國家乃至全球層面積極倡導社會處方工作的價值,使社會處方系統的工作者及利益相關者能夠保持連結。

其最終目標是招募並留住更多願意投入社會處方工作,特別是連結者的專業人才。整體社會處方勞動力的擴張,需要一個全面的專業發展計畫、技能專業化,以及明確且具有影響力的方法。

方向二：透過在地、國內與國際的夥伴關係，促進產出創新概念與方法

每個人在生活中都會面臨不同的挑戰，因此，要促進身心健康和提升幸福感，也需要針對不同個體提供相應的方法。報告中提到，以性別來說，英國男性主動尋求全科醫師門診幫助的比例較女性低 32%，但男性自殺身亡的比例卻是女性的 3 倍之多。此外，擁有工作也是維持健康福祉的重要因素之一（前提是處於一個也同樣「健康」的職場環境）。

為了更創新的思考和行動，以確實改善男性、職場勞動者及其他群體的健康福祉，社會處方的工作夥伴之間需進行跨界學習與經驗分享。透過與多元夥伴的合作，可以更深入的理解不同群體的需求，並發展出更具針對性和有效性的社會處方箋方案。

以下列舉一些透過夥伴關係促進創新概念和方法產出的案例：

健康福祉領域	具體措施
男性健康福祉	推出「不只是一場比賽」（More than a Game）計畫，與運動英格蘭、國家健康與醫療服務及社區足球俱樂部合作，深入理解並滿足男性的身心健康需求及社區需求。

健康福祉領域	具體措施
職場健康福祉	與雇主合作，理解員工需求並設計合適的社會處方箋。同時，培訓敬業積極的員工，使其能在職場為其他同事推薦活動、建立連結和提供支持，以提升工作福祉並預防健康問題。
老年健康福祉	與社區組織、志願機構等合作，為處於貧困、弱勢和邊緣化處境的老年人開發和試驗合適的社會處方箋方案，考量其健康需求、社會支持網絡可及性。
自然處方箋方案開發	持續與自然英格蘭（Natural England）及環境、食品暨鄉村事務部（Defra）等機構合作，試驗如何透過與自然連結管理心理健康問題，並推廣成功經驗和方法。
國際合作	拓展全球合作夥伴關係，推動社會處方促進健康與福祉的倡議及行動。透過聯盟計畫與世界衛生組織合作，支持國際勞動力發展、研究及政策制定。

方向三：增加經費支持，協助提升健康與幸福感的社區活動計畫

經費來源是推動各地社會處方時經常面臨的首要問題之一。臺灣目前在健康福祉發展上，常有仰賴「國家買單」的福利思維，然而英國的社會處方經費來源相當多元，包括政府、公營部門，以及私營部門，如國家彩券收入、民間基金會與信託組織等。

優良的社會處方箋方案提供者，能提供活動、建議或

資訊，對社會處方的成功至關重要。這些方案的蓬勃發展與持續運作，都需要資源投入。然而，不論經費來源為何，主要支持對象都是提供社會處方箋方案內容的 VCFSE（志願組織、社區組織、信仰組織和社會企業）。目前整體資金的永續性仍不穩定，小型方案提供者尤其容易面臨資金不足的風險。

英國的實證案例顯示，只要與當地夥伴妥善合作，開發多樣的模式和方法，就能更有效的運用資金並取得成果。因此，報告中也指出將持續與政府部門和資助組織合作，制定更完善的融資途徑，以促進社會處方箋方案的可行性和長期投資。相關策略包括：

- 與國家樂透社區基金（National Lottery Community Fund）合作，共同探索制定社會處方試點計畫。這是一種與整合照顧系統在地方層面協作的融資工具，整合了專用的健康資金，以及來自公營或私營部門的其他資金。
- 國家社會處方研究院也與資助機構合作，探索並共同發展社會處方投資的聯合體模式。同時，研究院做為資助者，也會創立、支持並擴展較大型的資金，或進行資金的合理分配，使其能將資金用於需要的地方。

方向四：推動以實證為主的社會處方政策、實踐和研究

許多實際推動深度社會處方箋服務的夥伴都知道，完善設計的社會處方箋所帶來的成效，往往不亞於醫療藥物。然而，在跨領域（特別是醫療護理）的合作經常需要仰賴「證據」來驗證社會處方的價值，這也是在臺灣推動時最常面臨的挑戰。

社會處方既然名為「社會」，就代表它無法如同實驗室裡進行的實驗般能被完美「控制」和驗證，但它卻能藉由真正貼近使用者的生命與需求，達到優質的成效。

目前，隨著社會處方箋方案的增加，越來越多的驗證機制也開始出現，並累積了參與社會處方箋對健康和福祉有益的證據。英國國家社會處方研究院也持續發布各種驗證彙整報告。

然而，整體而言，相關研究仍處於相對較新的階段，因此需要持續建立更完善的方法，以加速社會處方影響的取證評估和發布，使其能獲得更廣泛的支持。因此，應盡可能提供更多容易取得且實用的驗證方法，並鼓勵分享研究結果；同時，將正在實踐社會處方箋的人們聚集在一起交流資訊，才能有效識別和處理實證方面的需求。相關的行動包括：

- 發展並擴張新興的國際證據協作，並與全球社會處方聯盟及其他夥伴合作，透過合作協助彼此識別、支持、推進和共享相關的策略研究。
- 持續協助識別和處理英國在政策和實踐之間的關鍵證據落差。與證據協作機構以及對社會處方感興趣的各部門夥伴合作，尋求匯集資源、分享見解，並產出易於使用且有用的證據。

如同前述，當務之急是開發更好的驗證方法，以展現社會處方服務的經濟價值，並支持社會處方箋方案提供者展示其服務所帶來的成果和影響力。

- 繼續為國家社會處方研究院提供相關證據，以確保所有的社會處方箋方案均能以證據為依據，並且也能為證據資料庫做出貢獻。

方向五：建立社會處方如何改變人們生活，並強化社區力量的影響實例

根據報告指出，即便英國是社會處方的發源地，在英國也約略只有 9% 的人瞭解什麼是社會處方箋，更遑論包含臺灣在內的其他國家。

過去幾年，我在臺灣各地進行演講或人才培力工作時，確實遇到許多人對社會處方不僅不瞭解，甚至存在相當大

的誤會,例如誤以為只有醫事人員才能開立社會處方箋,這顯示相關工作者仍缺乏對「社會處方」的系統性認識。

英國在推動社會處方時,同樣面臨需要溝通化解類似誤解的問題。因此,持續提高人們對社會處方的認識至關重要,讓大眾瞭解除了醫療藥物之外,社會處方還能透過優良的方案,為那些尚未被滿足的健康福祉需求提供支持。報告中針對此方向提出的行動如下:

- 發起更多倡議,以增加公眾對社會處方的理解和意識。
- 透過多元管道,例如電影、網路研討會和 Podcast,提高大眾意識,並分享社會處方的最佳實踐。
- 在社會處方日(Social Prescribing Day)聚集合作夥伴。此舉不僅能讓大眾理解社會處方如何有益健康福祉,減少健康不平等的影響,同時也能支持和表揚目前從事社會處方相關工作的個人和組織,並慶祝世界各地社會處方的成功。

▶ 總結

英國推動社會處方的路程並非一帆風順,不過最讓我感佩的是,他們強調的是一套「英式心法」,著重於以現有

的資源和社區資產為基礎，獲得合作夥伴的支持，並運用在地的關照習慣制定在地的解決方法，而非臺灣人習慣尋求的「標準」或「模組」。正如「一樣米、養百種人」，社會處方既然源自於個體在社區和生活中的需求，更應當以靈活的思維來迎接社會的變化。

其次，隨著社會處方的推動，相關成效證據也越來越豐沛，然而這份報告也提到，隨著成果的驗證增加，也更需要更好的即時數據來幫助推動具持續性的、系統性的社會處方，並為新的社會處方箋方案服務的設計和調整提供與時俱進的資訊。

最後，我想再次提醒，臺灣在政策制定與規劃上，常受限於短期思維，這或許是民族性使然，也可能是受到政府標案常見的「一年期」框架所影響，而落入短視近利的困境，導致連國家政策的擘劃都缺乏長遠性，並且低估深度計畫所能帶來的影響力。

然而，**從英國推動社會處方的經驗中，我們可以清晰看到他們不僅秉持著長期規劃的信念，同時又能與時俱進的調整策略**。正是這樣的高度與堅持，社會處方才不致淪為表面的行銷宣傳或沽名釣譽的用途，而是真正能夠回應時代需求的力量。

希望透過上述彙整的行動，能夠擴大社會處方的規模

和影響力,有效減輕醫療的壓力,確保更多民眾受益,並能以對整體社會發展的深刻洞察,面向當下與未來,驅動社會處方成為促進社會進步的重要動能。

附錄

臺灣社會處方箋案例

　　讀到這裡,不知你是否已經擺脫「只要辦活動就等於社會處方箋」、「社會處方箋只有醫師可以開立」、「社會處方箋不能有『箋』字」等迷思了呢?

　　在臺灣,社會處方箋正處於「百家齊鳴」的狀態,相關工作者的想法與做法各有不同。然而,在推動社會處方箋方案或具有社會處方精神的深度計畫時,我始終堅持這些方案與計畫必須具備書中多次提及的幾項英國社會處方箋方案計畫關鍵精神,包含:「系統性」、「創意性」、「持續性」、「可驗證性」。因此,我能夠很有自信的說,我與夥伴們所推動的方案,都是具備一定完整性的「社會處方箋方案計畫」。

　　以下,我將列舉自己曾擔任計畫顧問、方案設計或計畫主持人的社會處方箋計畫供讀者參考:

■〔2023-2024 年䨻舞劇場「樂齡小學校」計畫〕

- 補助單位｜國家文化藝術基金會
- 主辦單位｜䨻舞劇場
- 研究授課｜周妮萱
- 處方期程｜辦理 2 年總計 4 期，每一期方案為連續 12 週
- 計畫內容｜包含舞蹈肢體開發、視覺藝術、表演藝術、敘事藝術等多元內容，以創意型工作坊及交流互動形式進行
- 使　用　者｜青年與中高齡的代間族群
- 相關資料｜「䨻舞劇場」網站連結：

■〔2024 年國立臺灣美術館藝術創齡計畫〕

- 主辦單位｜國立臺灣美術館
- 執行單位｜財團法人新故鄉文教基金會、財團法人綠光文化藝術基金會
- 計畫顧問｜周妮萱、郭慈安
- 計畫內容｜有「陶藝」、「竹編」、「拼布」、「AI 敘事」、「布袋戲」、「彩繪藝術」「生命繪本」與「自然攝影」8 個方案，結合場館數位典藏資源，進到 8 處醫事 C 社區照顧關懷據點，以創意型工作坊及交流互動形式進行

- 使用者｜65 歲以上高齡者、失智者、照顧者
- 相關資料｜「Wonderful You：藝術做伴——國美館藝術創齡計畫」紀錄片連結：

▶〔2024 年國家兩廳院表演藝術社會處方箋先驅計畫〕

- 主辦單位｜國家兩廳院
- 計畫顧問｜周妮萱、黃揚名
- 引導講師｜鄭琬蒨、方秀慈、柳冠竹
- 處方期程｜每種方案進行連續連續 9 週
- 計畫內容｜有「戲劇處方箋」、「舞蹈處方箋」、「聆聽處方箋」三種方案，運用場館內外軟硬體資源，結合創意型工作坊、交流互動
- 使 用 者｜具有潛在寂寞與社會疏離感受的 55 歲以上中高齡者
- 相關資料｜「安放自身、連結他者——『表演藝術社會處方箋先驅計畫體驗工作坊』側記」文章連結：

▶〔2023 年廣慈社宅公共藝術社會處方箋子計畫〕

- 主辦單位｜臺北市政府都市發展局
- 承辦單位｜禾磊藝術

- 計畫顧問｜周妮萱
- 計畫內容｜藝術處方箋、園藝處方箋，以及音樂、舞蹈等深度方案，結合廣慈社宅內外環境，以創意型工作坊及交流互動形式進行
- 使 用 者｜全齡參與，依照方案需求再細分
- 相關資料｜「廣慈社宅公共藝術社會處方箋資訊平台」網站連結：

▶〔2023 年國家兩廳院表演藝術社會處方箋先驅計畫〕

- 主辦單位｜國家兩廳院
- 處方期程｜每種方案進行連續 5 週
- 計畫顧問｜周妮萱、黃揚名
- 引導講師｜鄭琬蒨、方秀慈、柳冠竹
- 計畫內容｜有「戲劇處方箋」、「舞蹈處方箋」、「聆聽處方箋」三種方案，運用場館內外軟硬體資源，以創意型工作坊及交流互動形式進行
- 使 用 者｜具有潛在寂寞與社會疏離感受的 55 歲以上中高齡者
- 相關資料｜「讓藝術滲透日常，找到心的安頓之處──表演藝術社會處方箋觀察側記」文章連結：

▶〔2019 年失智友善資源箱暨博物館社會處方箋〕
- 主辦單位｜國立臺灣文學館
- 執行單位｜力果文化股份有限公司
- 合作單位｜臺南市郭綜合醫院失智共同照護中心
- 計畫主持｜周妮萱
- 處方期程｜連續 8 週
- 計畫內容｜以博物館內常設展及轉譯設計 8 週主題，以創意型工作坊及交流互動形式進行
- 使 用 者｜輕度認知障礙者、輕度及中度失智者、外籍看護
- 相關資料｜「憶起開箱 臺文館首創失智社群文學資源箱」文章連結：

▶〔2018 年臺北市失智友善社區暨國際失智症月展覽推動計畫〕
- 指導單位｜衛生福利部國民健康署、臺北市政府衛生局
- 主辦單位｜臺北市立聯合醫院
- 合作單位｜佼可傳媒股份有限公司
- 計畫主持｜周妮萱
- 計畫內容｜透過失智友善人才培力、手冊設計、失智症月展覽，呈現相關失智友善社區資源
- 使 用 者｜失智者、照顧者、關注失智議題之跨領域工作者

- 相關資料｜《失智友善社交處方箋手札》連結：

　　其他近年來也有如國立臺灣歷史博物館、國立成功大學醫學院附設醫院、臺北市立聯合醫院、臺北市立美術館、亞東醫院、臺北植物園等處，推行不同形式的社會處方箋，有興趣的讀者夥伴可以自行查找相關資訊。相信藉著本書先行幫你打通任督二脈，你已經掌握了社會處方的核心概念，接下來就可以透過搜尋比對不同的社會處方箋方案，清晰思考這些方案計畫是否符合你心中的期待。

最重要的感謝

　　謝謝商周出版總編輯靖卉、主編珮芳及全體商周同仁的協助，特別是靖卉和珮芳堅定且溫柔的專業陪伴。這段日子以來深陷「文字大渡海」的我，常常無法看清眼前的茫茫字詞，有著不知前彼岸在何處的焦慮和迷糊，感謝有珮芳主編擔任本書的責任編輯，成了為我探照前方的一盞燈，珮芳清亮的雙眼和大腦，為這片海洋梳理出一條得以持續前行的水道。沒有他們的守候和適時的策進，這趟社會處方的旅程沒有辦法走到這一刻。

　　第一次寫關於社會處方箋的稿件，是刊登在華人熟齡生活產業發展協會，感謝莊成爐秘書長及林彥君經理的信任，讓我能夠踏出第一步；第一次透過計畫將心目中的社會處方加以實踐的場域則是國立臺灣文學館，感謝當時的鄭雅雯助理研究員、蘇碩斌館長、王舒虹組長、力果文化吳貞宛、吳瑋卿，以及現在已經在其他場館發光發熱的湯貴姍和全體館內同仁。

　　謝謝長久以來支持我推動創齡與社會處方箋的黃揚名教授，這次還引薦我和商周出版的夥伴共創這趟旅程；也

感謝邀請我參與不同型態的社會處方箋計畫,或是授課培力的每個組織及夥伴;還有在這個議題上,曾以行動給予我力量的陳秀碧、蔡宛凌、張名君、黃翔凌、林宏陽、劉興光、廖偉忖、呂協翰、鄭雅雯、張仁吉、鄭琬蒨、方秀慈、柳冠竹、黃琇淩、吳麗娟、林潔琪、熊思婷、卓韻如、何婕如、劉建良、王統生、王萱儀、姜韋彤,以及每一位惠賜真心的推薦人。

謝謝多年來肩負「廣慈社宅公共藝術」如此龐大計畫的禾磊藝術夥伴:吳慧貞、沈岳蓉、楊詠晴、伍亞軒,因為有他們的信任,讓我得以榮幸擔任該計畫的社會處方箋子計畫主持人,並提供些許建議和想法。因為有這些夥伴從社會住宅的公共藝術參與角度創新思考社會處方存在的可能,臺灣社宅與公共藝術的發展才會如此獨特,並有別於其他國家,這也正是「國際社會處方,臺灣在地實踐」的精彩展現。

謝謝每位以三觀正確的心態正視社會處方價值的夥伴。我們都是推動臺灣社會處方行動的重要一員,如同我常在演講最後會說的一句話:「社會處方是為時代點一盞燈,為身處生命洪流中的我們探照前方的道路,成為支持我們得以勇敢前行的力量。永遠記得,現在的社會處方實踐,正是獻給明日的自己。」

國家圖書館出版品預行編目資料

你我都需要的社會處方箋:跨域共創以人為本的健康幸福指南／周妮萱著 -- 初版. -- 臺北市:商周出版:英屬蓋曼群島商家庭傳媒股份有限公司城邦分公司發行, 2025.04
256面；14.8*21公分. --（View point；130）
ISBN 978-626-390-476-7(平裝)

1.CST: 社會服務 2.CST: 社會福利 3.CST: 高齡化社會

547　　　　　　　　　　　　　　114002072

ViewPoint 130

你我都需要的社會處方箋
——跨域共創以人為本的健康幸福指南

| 作　　　　者 / 周妮萱 |
| 企 劃 選 書 / 黃靖卉 |
| 責 任 編 輯 / 羅珮芳 |

版　　　　權／吳亭儀、江欣瑜、游晨瑋
行 銷 業 務／周佑潔、林詩富、賴玉嵐、吳淑華
總　編　輯／黃靖卉
總　經　理／彭之琬
第一事業群
總　經　理／黃淑貞
發　行　人／何飛鵬
法 律 顧 問／元禾法律事務所 王子文律師
出　　　版／商周出版
　　　　　　台北市115南港區昆陽街16號4樓
　　　　　　電話：(02) 25007008　傳真：(02)25007759
　　　　　　E-mail：bwp.service@cite.com.tw
發　　　行／英屬蓋曼群島商家庭傳媒股份有限公司城邦分公司
　　　　　　台北市115南港區昆陽街16號8樓
　　　　　　書虫客服服務專線：02-25007718；25007719　24小時傳真專線：02-25001990；25001991
　　　　　　服務時間：週一至週五上午09:30-12:00；下午13:30-17:00
　　　　　　劃撥帳號：19863813；戶名：書虫股份有限公司
　　　　　　讀者服務信箱：service@readingclub.com.tw　城邦讀書花園 www.cite.com.tw
香港發行所／城邦（香港）出版集團有限公司
　　　　　　香港九龍土瓜灣道86號順聯工業大廈6樓A室_ E-mail：hkcite@biznetvigator.com
　　　　　　電話：(852) 25086231　　傳真：(852) 25789337
馬新發行所／城邦（馬新）出版集團【Cite (M) Sdn Bhd】
　　　　　　41, Jalan Radin Anum, Bandar Baru Sri Petaling, 57000 Kuala Lumpur, Malaysia.
　　　　　　電話：(603) 90563833　傳真：(603) 90576622　Email：services@cite.my

封 面 設 計／丸同連合
排 版 設 計／林曉涵
印　　　刷／韋懋實業有限公司
經　銷　商／聯合發行股份有限公司
　　　　　　新北市231新店區寶橋路235巷6弄6號2樓電話：(02) 29178022　傳真：(02) 29110053

■2025年4月8日初版一刷　　　　　　　　　　　　　　Printed in Taiwan
定價420元

城邦讀書花園
www.cite.com.tw

版權所有，翻印必究 ISBN 978-626-390-476-7